Mach deinen Content stark

Wie deine Online-Texte mit dem richtigen Know-how noch erfolgreicher werden

Katja Ollech

Inhaltsverzeichnis

Vorwort

Was macht einen Texter zum Profi-Texter? Den richtigen Ton beim richtigen Leser zu treffen. In diesem Buch verrate ich dir, wie das geht, und zwar mit:

- theoretischen Grundlagen von der Zielgruppenanalyse über Baupläne für Web-Texte bis hin zu Lesbarkeitsindizes,
- leicht umsetzbarem und bewährtem Praxis-Know-how sowie
- konkreten Tipps und Tools für alle, die Online-Content erstellen.

Das Buch beantwortet unter anderem die folgenden Fragen:

- Wie erreiche ich mit meinem Content die richtige Zielgruppe?
- Wie optimiere ich meine Texte so, dass sie für Leser wie Suchmaschinen gleichermaßen interessant sind?
- Wie schreibe ich Inhalte orthografisch korrekt und vermeide typische Fehler?
- Wie kann ich meine Texte im Hinblick auf Lesbarkeit, Suchmaschinenoptimierung und Duplicate Content überprüfen?
- Zusätzlich gibt es eine Anleitung zum Aufbau und Inhalt eines Redaktionskalenders.

Schreiben, so mag man meinen, kann doch eigentlich jeder. So schwer kann es schließlich nicht sein, ein paar ansprechende Worte aufs Papier zu bringen. Die Aufsätze in der Schule sind einem doch auch gelungen und die deutsche Rechtschreibung war nie ein Problem.

Doch wer professionelle und erfolgreiche Online-Texte verfassen will, muss mehr beherrschen als die Grundlagen aus dem Deutschunterricht und gute Rechtschreibkenntnisse. Vielmehr muss man wissen, wie man seine Zielgruppe richtig anspricht, eine interessante Überschrift formuliert und Texte für Suchmaschinen optimiert. Doch keine Sorge: Auch Texte schreiben ist ein Handwerk, das man erlernen kann.

Aus diesem Grund möchte ich dir in diesem Buch all das Wissen aus meiner langjährigen Tätigkeit als Online-Redakteurin vermitteln. Außerdem möchte ich dich mit bewährten Methoden vertraut machen, die andere professionelle Werbetexter lange vor meiner Zeit entwickelt haben. Dieses Buch soll dir helfen, deine Texte optimal auf deine Zielgruppe zuzuschneiden, besser zu strukturieren und lesefreundlicher zu gestalten.

Es richtet sich an Menschen, die mit dem Schreiben künftig Geld verdienen wollen, und an solche, die bereits als haupt- oder nebenberufliche Texter arbeiten, ihre Fähigkeiten jedoch noch weiter optimieren wollen. Ebenso soll es Quereinsteigern eine Hilfe sein, die in einen Bereich wechseln, in dem sie mit Online-Content zu tun haben.

Und zu guter Letzt soll es auch Content-Erstellern wie beispielsweise Bloggern dabei unterstützen, ihre Inhalte mit der richtigen Strategie und dem passenden Know-how noch erfolgreicher zu machen.

Dieses Buch gliedert sich in zwei wesentliche Teile: in einen theoretischen und in einen praktischen. Im theoretischen Teil geht es um bewährte Modelle zur Zielgruppenanalyse, um Textformeln und Lesbarkeitsindizes.

Darüber hinaus stelle ich zwei Spezialfälle beim Texten vor. Zum einen gebe ich einen Einblick in die leichte Sprache, die sich in erster Linie an Menschen mit Lernschwierigkeiten oder geringen Deutschkenntnissen richtet. Zum anderen erkläre ich, wie du eine geschlechtsneutrale Formulierung für genderneutrales Schreiben nutzt.

Nach der Theorie geht es in die Praxis. Ich zeige dir den Aufbau von Web-Texten, stelle dir bewährte Text-Techniken vor und benenne typische Fehler bei der Erstellung von Online-Inhalten. Selbstverständlich darf auch das Thema Suchmaschinenoptimierung nicht fehlen – diesem Spezialgebiet widme ich ebenfalls ein Kapitel.

Am Ende präsentiere ich dir hilfreiche Tools, mit denen du deinen Content nach bestimmten Kriterien analysieren und bewerten kannst. Anschließend erkläre ich dir noch den Aufbau und Einsatz eines Redaktionsplans als hilfreiches Mittel zur Content-Planung. Doch erst einmal geht es um das richtige Mindset für deinen Erfolg als zukünftiger Profi-Texter.

Früher dachte ich immer, man müsse Journalismus studieren oder eine Ausbildung zum Redakteur machen, um professionelle Texte schreiben zu können. Möglichweise war das auch einmal so, doch die Zeiten haben sich geändert.

Heute ist theoretisch jeder dazu in der Lage, sich bestimmte Fähigkeiten anzueignen. Das Internet und die Digitalisierung machen es möglich. Mithilfe von E-Learning-Angeboten in Form von YouTube-Videos, Online-Kursen oder E-Books kann sich jeder fortbilden, der die Muße hat, zu lernen und zu wachsen. Und damit stehen den Menschen alle erdenklichen Türen offen.

Ich kenne zum Beispiel eine ausgezeichnete Fotografin, die keinen einzigen Fuß in ein Fotostudio gesetzt hat, um dort etwas von einem etablierten Meister zu lernen. Stattdessen hat sie sich das Handwerk selbst beigebracht. Kombiniert mit ihrer Leidenschaft und ihrem guten Auge für Ästhetik hat sie sich so schnell einen Namen gemacht und kann sich inzwischen vor Aufträgen kaum retten.

Ein anderer Bekannter von mir hat sich das Filmen auf ähnlichem Wege selbst beigebracht und mit seinem ersten Werk direkt einen Filmpreis gewonnen. In beiden Fällen war E-Learning nicht der klassische, sondern ein unkonventioneller Weg zum Erfolg.

E-Learning ist heutzutage das Mittel der Wahl für alle, die sich in neuen beruflichen Feldern ausprobieren wollen. Es bietet Menschen die Chance, sich beruflich zu verändern oder sich zu spezialisieren. Auf der anderen Seite werden durch die zunehmende Digitalisierung auch immer mehr Geschäfte ins Internet verlagert und wer den Anschluss nicht verlieren will, muss sich oder seine Firma ansprechend im World Wide Web präsentieren – hierfür wiederum werden gute Web-Texter gebraucht. Und da kommst du ins Spiel.

Denn jeder kann ein professioneller Web-Texter werden. Der Begriff „Texter" ist keine geschützte Berufsbezeichnung. Ebenso wenig wie Autor oder Journalist. Jeder kann sich so nennen, während es beispielsweise für einen „Redakteur" eines abgeschlossenen zweijährigen Volontariats bedarf. Das Volontariat ist in Deutschland nämlich als Ausbildung anerkannt.

Um als Texter, Journalist oder Autor zu arbeiten, brauchst du in Deutschland jedoch keine besondere Ausbildung. Du musst weder eine Prüfung ablegen noch eine Zulassung beantragen. Auch ein Journalismus-Studium ist lediglich eine berufsqualifizierende Ausbildung.

Du kannst also auch ohne Studium oder Volontariat für deine Auftraggeber Texte verfassen. Eine journalistische Ausbildung vermittelt dir zwar die Grundfertigkeiten, macht dich aber nicht unbedingt zu einem guten Texter. Genauso wenig wie ein Medizinstudium zwangsläufig einen guten Arzt hervorbringt.

So gibt es auch zahlreiche gut ausgebildete Journalisten, die schlechte Texte verfassen und jede Menge Quereinsteiger, die hervorragende Texter sind. Man muss nur wissen, wie. Und dazu komme ich jetzt.

Zielgruppengerechtes Schreiben

Die wichtigste Grundlage für die Erstellung von Texten ist die Zielgruppenanalyse. Warum? Ganz einfach: Du musst deine potenziellen Leser kennen, um sie mit deinen Inhalten zu begeistern.

Viele Autoren gehen allerdings davon aus, dass es nur eine homogene Zielgruppe gibt, beziehungsweise dass ein und derselbe Text sich an alle Leser richten kann. Das ist jedoch nicht der Fall.

Es ist auch ein falscher Ansatz, davon auszugehen, dass deine Texte lediglich deinem Auftraggeber gefallen müssen. Sicher sind dir schon einmal Pressemitteilungen in die Finger gekommen, die vor Superlativen nur so strotzen, beispielsweise „unsere Produkte sind die besten, effektivsten, sichersten etc." Doch wer potenzielle Kunden oder Käufer gewinnen möchte, muss ihnen einen Mehrwert bieten und nicht nur die Werbetrommel rühren. Dafür muss man zuerst in Erfahrung bringen, woraus dieser Mehrwert besteht.

Vielleicht hast du schon mal diesen Spruch gehört: Der Wurm muss dem Fisch schmecken, nicht dem Angler. Die Redewendung wird gern im Marketing verwendet, um zu erklären, wie du Kunden richtig ansprechen kannst. Im Klartext heißt das: Verfasse deine Texte so, dass sie deinen Lesern schmecken und nicht dir oder deinem Auftraggeber – eben dem Fisch, nicht dem Angler.

Um also Inhalte zu erstellen, die deinem Leser wirklich schmecken, musst du dir einige Fragen stellen:

- Was will mein Leser? Welche Lösung sucht er? Was ist seine größte Angst/sein größter Wunsch?
- Wie will er angesprochen werden? Höflich oder umgangssprachlich, mit „du" oder „Sie"?
- Welchen Text-Stil, welches Wording sollte ich verwenden? Technisch oder erzählerisch, mit langen oder kurzen Sätzen?
- In welcher Phase befindet sich mein Leser gerade? Ist ihm sein Problem bewusst? Sucht er längst nach einer Lösung? Ist er schon bereit, ein Produkt zu kaufen?
- Über welche Medien erreiche ich meinen Leser idealerweise? Blogartikel oder Produktbeschreibungen? Newsletter oder Social Media?
- Aber auch: Wen will mein Auftraggeber als Kunden gewinnen? Welcher Lesertyp hat das größte Business-Potenzial? Welche sind die für ihn finanziell am lohnendsten Kunden?

Warum ist dieser Fokus so wichtig? Weil du

- dadurch wesentlich konkreter textest,
- deinem Leser einen Mehrwert bietest und
- die Aussicht auf eine Handlung erhöhen kannst.

Um ein besseres Gefühl für eine mögliche Eingrenzung deiner Zielgruppe zu bekommen, stelle ich dir im Folgenden vier Zielgruppenmodelle vor.

Customer Journey

Die Customer Journey ist ein Begriff aus dem Marketing und bezeichnet den Weg eines Kunden, den er bis zum Kauf eines Produktes oder einer Dienstleistung zurücklegt. Es gibt verschiedene Modelle, um eine Customer

Journey abzubilden; sie alle teilen die Reise des Kunden in verschiedene Phasen ein.

Ein klassisches Modell ist das Folgende:

Awareness (Aufmerksamkeit): Das Bewusstsein für das Produkt wird geweckt.
Favorability (Bevorzugung): Das Interesse für das Produkt wird verstärkt.
Consideration (Abwägung): Der Kunde erwägt den Kauf des Produktes.
Intent to Purchase (Kaufinteresse): Die Kaufabsicht wird konkret.
Conversion (Handlung): Das Produkt wird gekauft.

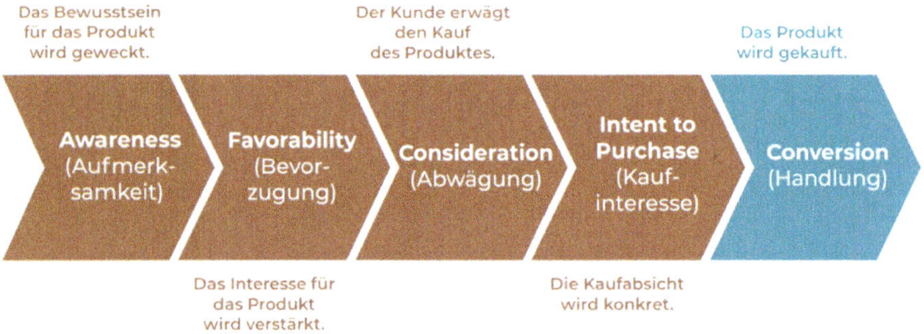

Je nachdem, in welcher Phase sich ein Kunde gerade befindet, sucht er eine andere Information. Stellst du ihm diese Information mit deinen Texten zum richtigen Zeitpunkt zur Verfügung, kann dies zu einem positiven Kundenerlebnis führen.

Obwohl für die Customer Journey unterschiedliche Modelle existieren, besitzen sie alle dieselbe Grundlage: Die Kaufentscheidung erfolgt nicht sofort. Vielmehr setzt sich der Kunde mit dem Produkt und dem Unternehmen zunächst eine Weile auseinander. Währenddessen kommt er mehrfach damit in Berührung. Am Ende erfolgt die Handlung: Ein Produkt oder eine Dienstleistung wird gekauft.

Hier sind zwei Beispiele für die richtige Ansprache eines Lesers während der unterschiedlichen Phasen einer Customer Journey. Angenommen, dein Auftraggeber vertreibt Nahrungsergänzungsmittel und möchte potenzielle Kunden in der ersten Phase der Customer Journey ansprechen.

Zur Erinnerung: Während dieser Phase ist sich der Konsument gegebenenfalls eines Problems bewusst, kann dieses aber nicht richtig einordnen. In unserem Fall leidet er beispielsweise unter ständiger Müdigkeit und sucht bei Google nach der Ursache für sein Problem.

Er googelt also: Was sind die Ursachen für ständige Müdigkeit? Du kannst in dieser Phase sein Interesse mit einem Artikel wecken, der die passende Antwort auf seine Frage liefert. Die Überschrift für diesen Beitrag könnte lauten: 10 Gründe für permanente Müdigkeit und was Sie dagegen tun können.

Anders liegt der Fall, wenn dein potenzieller Kunde bereits weiß, dass gegen ständige Müdigkeit die Einnahme von Vitamin-B12-Präparaten helfen kann. Er möchte ein solches Präparat kaufen, seine Kaufabsicht wird konkret. Er ist in dieser Phase bereits mehrfach mit dem Unternehmen deines Auftraggebers in Berührung gekommen, ist sich aber noch nicht sicher, ob er dort tatsächlich kaufen soll.

In der Phase des Kaufinteresses musst du einen potenziellen Kunden also von einem Produkt überzeugen. Das tust du, indem du beispielsweise die herausragenden Eigenschaften des Präparats hervorhebst. Das könnten beispielsweise die ausgesprochen schnelle Wirkungsweise oder eine besonders hohe Dosierung sein. Die Überschrift für einen solchen Beitrag könnte lauten: Vitamin-12-Präparate von (deinem Auftraggeber) wirken dreimal schneller als herkömmliche Produkte.

DISG-Modell

Ein hilfreiches Tool, mit dessen Hilfe du deine Leser zielgruppengerecht ansprechen kannst, ist auch das DISG-Modell. Dabei handelt es sich um einen Persönlichkeitstest, der Menschen in vier Grundtypen unterteilt.

Das DISG-Modell beruht auf einer Typologie des Psychologen William Moulton Marston. Dieser wies seinen Patienten unterschiedliche Charakterzüge zu, um sie besser behandeln zu können.

Später entwickelte John G. Geier, ein US-amerikanischer Psychologe und Unternehmer, daraus das heutige DISG-Modell, welches auch Vier-Farben-Persönlichkeitsmodell genannt wird.

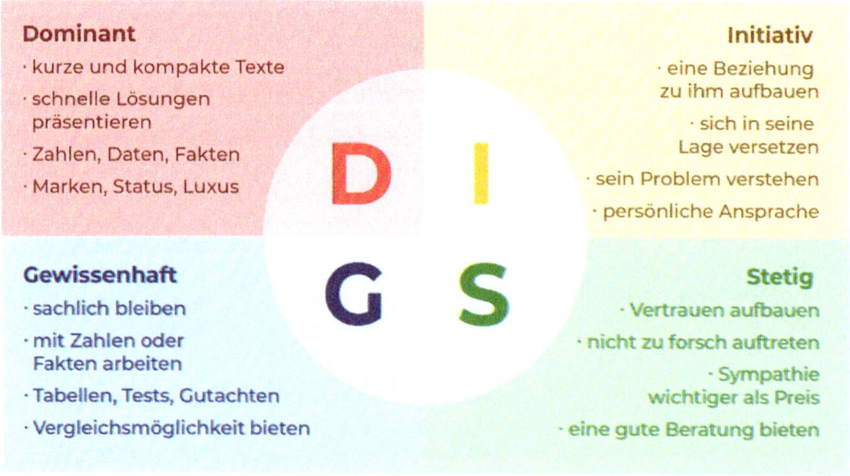

Die vier Buchstaben des Akronyms stehen für folgende DISG-Typen:

D = Dominant (rot)

I = Initiativ (gelb)

S = Stetig (grün)

G = Gewissenhaft (blau)

Werfen wir im weiteren Verlauf einen Blick auf die einzelnen DISG-Typen. Was zeichnet ihre Persönlichkeit aus, und wie musst du Inhalte aufbereiten, um diese Menschen zu erreichen?

Roter Persönlichkeitstyp: Dominant

Der dominante Persönlichkeitstyp ist sehr bestimmend. Er zeichnet sich dadurch aus, dass er gern selbst steuert und verändert. Solche Menschen haben gern die Kontrolle. Der Dominante will schnelle Lösungen erzielen. Dementsprechend trifft er auch schnelle Entscheidungen.

Er mag Herausforderungen und den Wettstreit. Auf der anderen Seite ist er sehr ungeduldig und das Warten liegt ihm nicht. Im Umgang mit anderen Menschen ist er sehr direkt. Dabei ist seine Kommunikation eher knapp und auf Zahlen sowie Fakten ausgerichtet.

So erreichst du den dominanten Typ:

Rede in deinen Texten nicht lange um den heißen Brei herum, sondern halte sie kurz und kompakt. Liefere dem Dominanten prägnante Antworten und schnelle Lösungen. Überzeuge ihn mit Zahlen, Daten und Fakten. Er hat zudem ein Faible für Marken, Status, Marktführer und Luxus. Du erreichst ihn daher mit Schlagwörtern wie neu, einzigartig oder exklusiv.

Gelber Persönlichkeitstyp: Initiativ

Menschen mit dem Persönlichkeitstyp „Initiativ“ sind optimistisch und aufgeschlossen. Kontaktfreudigkeit und Kreativität zeichnen sie aus. Der initiative Typ ist charmant, knüpft gern Kontakte, redet viel und liebt es, andere von seinen Ansichten zu überzeugen. Das gelingt ihm auch gut, denn seine Art ist äußerst motivierend. In der Regel hat er einen großen Bekanntenkreis und arbeitet gern im Team.

Auf der anderen Seite lässt die Disziplin des gelben Persönlichkeitstyps häufig zu wünschen übrig. Details sind nicht seine Stärke, und er mag kein analytisches Vorgehen. Er arbeitet eher unstrukturiert, ist unorganisiert und unordentlich.

So erreichst du den initiativen Typ:

In deiner Kommunikation baust du idealerweise eine Beziehung zu dem gelben Persönlichkeitstyp auf. Versetz dich in seine Lage und versuch, sein Problem zu verstehen. Sprich ihn auf der persönlichen statt der geschäftlichen Ebene an.

Grüner Persönlichkeitstyp: Stetig

Auch der grüne Persönlichkeitstyp ist extrem sozial, offen und charmant. Wie der „Gelbe“ ist auch er ein absoluter Teamplayer. Stetige Typen zeichnen sich durch Freundlichkeit, Ausgeglichenheit, Hilfsbereitschaft und Besonnenheit aus. Harmonie ist diesen Menschen ausgesprochen wichtig.

Sie verabscheuen Konflikte. Auch Veränderungen sind nicht unbedingt ihr Ding. Stattdessen suchen sie Stabilität und ein geregeltes Umfeld. Eine gute

Organisation schätzt dieser Typ sehr. Stetige Menschen halten sich gern im Hintergrund und überlassen anderen den Vortritt. Außerdem treffen sie ungern Entscheidungen.

So erreichst du den stetigen Typ:

Um den grünen Persönlichkeitstyp zu überzeugen, musst du bei ihm Vertrauen und eine Beziehung aufbauen. Tritt nicht zu forsch in deiner Kommunikation auf, denn plumpe Verkaufstexte und zu eindringliche Call-to-Actions (Handlungsaufforderungen) mag er gar nicht. Ein sympathisches Auftreten des Unternehmens ist ihm häufig wichtiger als der Preis, die Marke oder die Qualität eines Produktes oder einer Dienstleistung. Er kauft dann, wenn er das Gefühl hat, gut beraten zu werden.

Blauer Persönlichkeitstyp: Gewissenhaft

Der blaue Persönlichkeitstyp ist ein bedachter, logischer und analytischer Denker. Er handelt vorausplanend und systematisch. Der „Blaue" will vollständige Informationen, vergleicht genau und hinterfragt mit Sachverstand. Nichts motiviert ihn mehr, als zu wissen, dass etwas perfekt und genau nach seinen Vorstellungen ist. Er ist immer pünktlich, ordentlich und bestens vorbereitet.

Statt im Team arbeitet der blaue Typ lieber allein. Seine kritische Art kann auf lange Sicht dazu führen, dass er sich vollständig isoliert. Generell gibt er nur wenig über sich Preis. Manchmal wirkt er auf andere distanziert oder abweisend.

So erreichst du den gewissenhaften Typ:

Wenn du bei dem blauen Persönlichkeitstyp sachlich bleibst und mit Zahlen oder Fakten arbeitest, hast du gute Chancen, ihn zu beeindrucken. Er liebt Tabellen, mit dessen Hilfe er verschiedene Modelle vergleichen kann. Mit Tests und Gutachten kannst du bei ihm ebenfalls punkten. Er entscheidet sich nach einer sorgfältigen Prüfung aller Fakten und Argumente.

Bei der Einteilung deiner Leser nach den vier Persönlichkeitstypen solltest du allerdings beachten: Niemand ist immer nur ein Farbtyp. Selbstverständlich kann ein Mensch auch Eigenschaften der anderen Persönlichkeitstypen besitzen. Außerdem können Menschen situationsbedingt andere Charakterzüge aufweisen. In der Regel bleibt jedoch eine gewisse Verhaltenstendenz bestehen.

Personas

Bei der weiteren Zielgruppeneingrenzung können dir Personas helfen. Sie unterstützen dich dabei, deine Texte passgenau auf die Bedürfnisse deiner Leser zuzuschneiden. Es geht darum, sich einen idealtypischen Vertreter deiner Zielgruppe genauer vorzustellen. Das kann sowohl eine fiktive als auch eine reale Person sein.

Idealerweise fügt man zu einer Persona demografische, geografische, soziografische, psychografische, situative und kaufverhaltensbezogene Merkmale hinzu. Zu den wichtigsten zählen:

Demografische Merkmale

- Alter
- Geschlecht
- Familienstand

Geografische Merkmale

- Wohnort
- Lebensraum

Soziografische Merkmale

- Bildungsniveau
- Beruf
- Einkommen
- Wohnverhältnisse

Psychografische Merkmale

- Werte
- Glaubenssätze
- Einstellungen
- Interessen
- Aktivitäten
- Persönlichkeit

- Lebensstil

Situative Merkmale

- Persönliche Lebenssituation
- Tagesabläufe

Kaufverhaltensbezogene Merkmale

- Marken- und Preisbewusstsein
- Mediennutzungsverhalten
- Einkaufsstättenwahl

Mit einer Persona bekommst du ein Gespür dafür, wie deine Leser ticken. Außerdem findest du den richtigen Ton, um sie zielgruppengerecht anzusprechen.

Empathy Map

Eine weitere Möglichkeit zur Zielgruppeneingrenzung ist die Empathy Map. Anders als bei der Persona geht es bei der Empathy Map nicht darum, einen Steckbrief deines Wunsch-Lesers zu erstellen. Stattdessen versetzt du dich direkt in die Lage deines Lesers und versuchst, seine Gedanken, Gefühle und Handlungen in Bezug auf eine bestimmte Situation oder ein bestimmtes Thema zu erfassen.

Die Empathy Map kann auch als Ergänzung zu einer Persona genutzt werden, denn sie gibt dir Aufschlüsse über die Gefühls- und Sinneswelt deines Lesers. So kannst du einen potenziellen Kunden noch besser verstehen. Welche Schmerzen hat er? Wie fühlt er sich gerade? Was denkt er?

Mit einer Empathy Map bekommst du ein gutes Gefühl dafür, wo du deine Leser am besten abholen kannst.

Im Fall des erwähnten Herstellers von Nahrungsergänzungsmitteln könnte das folgendermaßen aussehen:

- **Was sieht dein potenzieller Kunde?** Ich bin ständig müde. Ich fühle mich ausgelaugt und kraftlos.

- **Was sagt und tut er?** Ich habe es schon mit einer Ernährungsumstellung und mehr Bewegung versucht, aber das hat mir nicht geholfen. Ich quäle mich durch jeden Tag und bin wirklich ratlos.

- **Was denkt und fühlt er?** Im Umgang mit meiner Familie bin ich häufig gereizt. Manchmal schnauze ich meine Kinder ohne erdenklichen Grund an. Das macht mich traurig.

- **Wie wird er von der Umwelt beziehungsweise Umgebung beeinflusst?** Meine Mitmenschen haben kein Verständnis dafür, wie ich mich fühle, und nehmen keine Rücksicht auf mich. Ich fühle mich nicht ernst genommen mit meinem Problem. Ich glaube auch, dass mich mein Umfeld als schwach empfindet und mein Leiden als „Jammern auf hohem Niveau“ abtut.

- **Welche Schmerzen verspürt er?** Ich bin mittlerweile echt verzweifelt und weiß nicht mehr weiter.

- **Welche Ziele hat er?** Ich möchte endlich wieder ein normales Leben führen können, in dem ich wach und leistungsfähig bin.

Dein Text sollte dem Leser also eine Lösung für sein Problem bieten. Du könntest ihm beispielsweise alle nötigen Informationen zur Verfügung stellen, und ihm dabei helfen, sein Ziel zu erreichen. Weil du seine Schmerzen kennst, kannst du dich gut in deinen Leser hineinversetzen. Das macht es einfacher, ihn von deinem Angebot oder dem deines Auftraggebers zu überzeugen.

Baupläne für Web-Texte

Bei der Erstellung von Web-Texten kannst du auch auf verschiedene „Baupläne" zurückgreifen. Sie können dir als Orientierungshilfe dienen, da sie Inhalte bereits im Vorfeld strukturieren. Gerade bei den ersten Gehversuchen als Texter bietet es sich an, solche bewährten Formeln zu nutzen. Denn der Vorteil eines solchen Bauplans liegt auf der Hand: Du weißt von Anfang an, wohin die Reise geht. Das heißt, du kannst eine „Geschichte" anhand eines verlässlichen Musters entwickeln und dich so Abschnitt für Abschnitt voran arbeiten. Im Folgenden gehe ich auf die zwei gängigsten Modelle für Werbetexte ein, die natürlich auch für andere Textsorten genutzt werden können.

Das AIDA-Prinzip

Die AIDA-Formel ist vermutlich das bekannteste Grundgerüst für Werbetexte und stammt aus der Werbepsychologie. Entwickelt wurde das Modell im Jahr 1898 von dem US-Amerikaner Elmo Lewis, um Verkaufsgespräche zu optimieren. Aber auch heutzutage darf es in keiner Online-Marketing-Strategie fehlen.

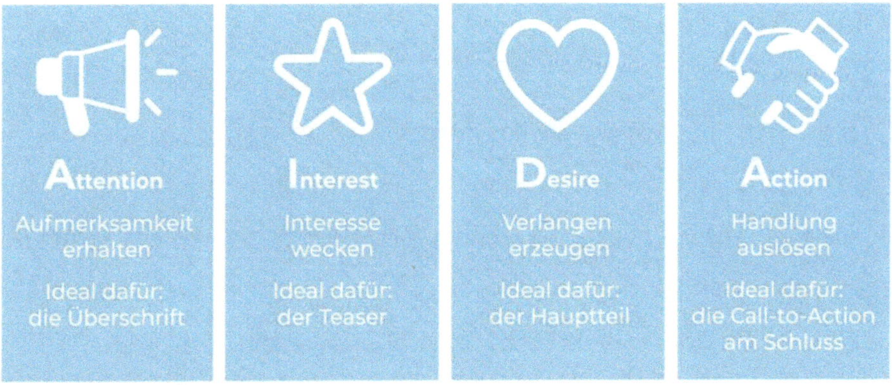

Das AIDA-Modell basiert auf vier Phasen, die durchlaufen werden müssen, bis sich ein Interessent oder ein potenzieller Kunde für ein Produkt oder eine Dienstleistung entscheidet.

Dabei steht jeder Buchstabe für eine dieser Phasen: Attention (Aufmerksamkeit), Interest (Interesse), Desire (Verlangen) und Action (Handlung).

A – Attention (Aufmerksamkeit)

Am Anfang des AIDA-Prinzips steht das Thema Aufmerksamkeit. Die erste Aufgabe eines Texters sollte also darin bestehen, das Interesse der gewünschten Zielgruppe für ein Produkt oder eine Dienstleistung zu gewinnen. In einer Anzeige eignen sich dafür beispielsweise Signalfarben oder ungewöhnliche Grafikelemente.

In Werbetexten erfüllen Slogans oder Überschriften diesen Zweck. Sprich: Wecke die Aufmerksamkeit eines Interessenten durch eine aussagekräftige Headline und gegebenenfalls durch eine ergänzende Subheadline. Wie eine gute Überschrift aussehen kann, zeige ich später im Kapitel 8.

I – Interest (Interesse)

In der zweiten Phase weckst du das Interesse eines potenziellen Kunden. Diese Aufgabe übernimmt bei einem Web-Text die Einleitung, der sogenannte Teaser. Er soll „Lust auf mehr" machen. Das geschieht, indem du die Informationen aus der Überschrift noch weiter vertiefst und einen Ausblick darauf gibst, was den Leser im Artikel erwartet.

Nutze die Einleitung also, um den kurzen Moment der Aufmerksamkeit deines Lesers in Interesse umzuwandeln. Wichtig ist dabei die richtige Dosis: Verrate nicht zu viel, aber auch nicht zu wenig.

D – Desire (Verlangen)

In der dritten Phase weckst du den Wunsch des Interessenten, ein Produkt oder eine Dienstleistung zu besitzen. Dies geschieht, indem du ihn mithilfe einer guten Argumentation überzeugst. Dazu nutzt du ein Werbeversprechen, beispielsweise indem du dem interessierten Leser erklärst, welche Vorteile er durch den Erwerb des angebotenen Produktes hat.

Du kannst den Kaufwunsch auch wecken, indem du dem potenziellen Käufer vermittelst, dass er ohne das Produkt oder die angebotene Dienstleistung einen Nachteil hat. Bei beiden Varianten wird viel mit Emotionen gearbeitet.

A – Action (Handlung)

Die letzte Phase bezieht sich auf die Handlung. Nachdem bei einem Interessenten der Wunsch geweckt worden ist, ein Produkt oder eine Dienstleistung zu besitzen, fehlt noch der entscheidende Schritt: der Call-to-Action (CTA). Hierfür wird eine konkrete Handlungsaufforderung eingesetzt.

Fordere deinen Leser im letzten Abschnitt eines Textes dazu auf, eine Aktion durchzuführen. Das muss nicht zwingend der Kaufabschluss sein. Es kann sich auch um den Download einer Broschüre oder die Anmeldung zu einem Webinar handeln.

Das AIDA-Modell orientiert sich also stark an der Customer Journey eines Interessenten. Auch das folgende Modell nimmt darauf Bezug.

PPPP – Picture, Promise, Proof, Push

Ein weiteres bekanntes Stufenmodell für Werbetexte ist die PPPP-Methode. Auch diese Technik kann dir beim Aufbau eines Web-Textes helfen.

Die vier P's stehen für die Begriffe Picture (Bild beziehungsweise bildliche Darstellung), Promise (Versprechen), Proof (Beweis) und Push (Anstoß zum Handeln). Auch dieses Modell zielt darauf ab, dass ein Text konvertiert, also Menschen nach dem Lesen zu einer Handlung bewegt.

Bei der PPPP-Methode handelt es sich um eine Anpassung des AIDA-Prinzips. Dieses Mehrstufenmodell ist allerdings konkreter, weshalb es bei vielen Werbetextern sehr beliebt ist.

Picture (Bild)

Der Umworbene möchte über das Produkt oder die Dienstleistung nicht nur nüchterne Fakten erfahren, sondern sich eine konkrete Vorstellung davon machen können. Die erste Phase des PPPP-Prinzips empfiehlt daher, das Interesse des Lesers mithilfe von emotionalen Geschichten zu wecken.

Verwende dazu bildliche Formulierungen und eine lebendige Sprache. Erzeuge so Bilder im Kopf des Lesers. Bringe ihn zum Beispiel dazu, sich vorzustellen, wie er den Nutzen oder das gewünschte Ergebnis genießt.

Promise (Versprechen)

Mit dem Versprechen möchtest du die Aufmerksamkeit deines Lesers gewinnen. Idealerweise nennst du hier einen USP (Unique Selling Proposition): ein Argument, das ein Unternehmen, ein Produkt oder eine Dienstleistung einzigartig macht.

Kommen wir noch einmal zurück zu unserem Hersteller von Nahrungsergänzungsmitteln. In seinen Produkten sind ausschließlich natürliche und pflanzenbasierte Wirkstoffe, die sich durch einen besonders hohen Nährstoffgehalt auszeichnen. Das wäre also der USP dieses Unternehmens.

Das Versprechen gehört in die Mitte und ist der wichtigste Bestandteil des Textes. Es macht den Leser neugierig, weil es ihn interessiert, ob das Versprechen tatsächlich eingehalten werden kann.

Proof (Beweis)

In diesem Teil geht es ans Eingemachte. Hier musst du Beweise für deine Behauptungen liefern und damit zeigen, dass du nicht nur heiße Luft versprochen hast. Das funktioniert beispielsweise mithilfe von Statistiken, Studien und Testimonials. Auch eine Produkt-Demo oder Fakten von Dritten untermauern die Glaubwürdigkeit eines Artikels.

Anschließend musst du den logischen Verstand des Lesers ansprechen, um die emotionalen Anreize zu unterstützen, die du mit der bildlichen Darstellung ausgelöst hast. Im Falle des Herstellers für Nahrungsergänzungsmittel wurden alle Produkte von einer eigenen Forschungs- und Entwicklungsabteilung sowie ausgewählten

Forschungsinstituten und Wissenschaftlern auf ihre Reinheit und ihren Nährstoffgehalt geprüft. Das ist unser Beweis.

Push (Anstoß zum Handeln)

Fordere deinen Leser am Ende des Textes auf, zu handeln. Sage ihm konkret, was er tun soll, beispielsweise ein Produkt kaufen oder eine Kontaktanfrage senden. Verwende hierfür einen überzeugenden Call-to-Action, zum Beispiel „Kaufen Sie jetzt“.

Lesbarkeitsindizes

Mithilfe von Lesbarkeitsindizes erkennt man, ob ein Text gut geschrieben ist. Dabei kommen Formeln oder Skalen zum Einsatz.

Die ersten Lesbarkeitsformeln wurden für die englische Sprache entwickelt. Dazu zählt beispielsweise der Flesch Reading Ease. Später kamen eigene Indizes für die deutsche Sprache hinzu wie die Wiener Sachtextformeln und das Hamburger Verständlichkeitskonzept.

Lesbarkeit beschreibt die Verständlichkeit von Informationen. Sie beruht auf der sprachlichen Gestaltung eines Textes. Dazu zählen unter anderem die Wort- und Satzkomplexität sowie der verwendete Wortschatz. Sie ist eines der wichtigsten Kriterien dafür, wie leicht sich ein Text lesen, verstehen und nachvollziehen lässt. Häufig wird Lesbarkeit auch mit Verständlichkeit gleichgesetzt.

In diesem Kapitel stelle ich dir die drei zuvor genannten Lesbarkeitsindizes etwas genauer vor. Denn selbst für erfahrene Texter ist es nicht immer einfach, die eigenen Werke richtig zu beurteilen.

Lesbarkeitsindizes können dazu beitragen, Rückschlüsse auf die Qualität deiner Arbeit zu ziehen. Mit ihrer Hilfe lässt sich besser einschätzen, wie schwer oder leicht ein Text für deinen Leser zu verstehen ist.

Flesch Reading Ease

Beim Flesch Reading Ease (FRE) wird der sogenannte Flesch-Grad ermittelt, ein numerischer Wert zwischen 0 und 100. Je höher der Wert, desto verständlicher ist ein Text. Gut verständliche Texte haben einen Wert von mindestens 60.

Entwickelt wurde der Flesch-Grad im Jahr 1948 von dem US-amerikanischen Autor Rudolf Flesch. Dieser ging davon aus, dass kurze Sätze und Wörter für den Leser besonders leicht verständlich sind. Der Flesch-Grad eines Textes ergibt sich aus der durchschnittlichen Satzlänge und der durchschnittlichen Silbenzahl pro Wort.

Für die englische Sprache berechnet sich der Flesch-Grad nach der folgenden Formel:

FRE = 206,835 - (1,015 x ASL) - (83,6 x ASW)

Dabei steht:

- **FRE (Flesch-Reading-Ease)** für den Lesbarkeitsindex,
- **ASL (Average Sentence Length)** für die durchschnittliche Satzlänge und
- **ASW (Average Number of Syllables per Word)** für die durchschnittliche Silbenanzahl pro Wort.

Im Jahr 1978 übertrug Toni Amstad die Formel auf die deutsche Sprache. Er berechnete den Wortfaktor neu, da deutsche Wörter im Schnitt länger sind als englische. Die Sätze sind hingegen in beiden Sprachen etwa gleich lang.

Seine Formel lautete folgendermaßen:

FRE = 180 - ASL - (58,5 x ASW)

Dieser Absatz hat übrigens einen Flesch-Wert von 61 und bewegt sich damit im mittleren Bereich. Auf der Website https://fleschindex.de kannst du den Flesch-Grad deiner Texte berechnen lassen.

Die folgende Tabelle zeigt eine grobe Einordnung des Flesch-Grades, bezogen auf das Alter und die Ausbildung deines Lesers.

Flesch Reading Ease

Flesch-Grad	Lesbarkeit	Verständlich für
0 - 30	Sehr schwer	Akademiker
30 - 50	Schwer	Hochschul-Niveau
50 - 60	Mittelschwer	
60 - 70	Mittel	13- bis 15-jährige Schüler
70 - 80	Mittelleicht	
80 - 90	Leicht	
90 - 100	Sehr leicht	11-jährige Schüler

Sagt ein hoher Flesch-Grad immer aus, dass ein Text leicht zu lesen ist? Nein, denn für eine bessere Verständlichkeit spielen nicht nur die Satz- und Wortlänge eine Rolle. Auch andere Faktoren wie beispielsweise das verwendete Vokabular können zur besseren oder schlechteren Lesbarkeit eines Textes beitragen. Außerdem können auch kurze Sätze unter Umständen schwer verständlich sein.

Wiener Sachtextformeln

Weitere Lesbarkeitsindizes sind die Wiener Sachtextformeln. Sie wurden von den beiden Autoren Richard Bamberger und Erich Vanecek entwickelt. Anders als beim Flesch-Grad wurde eine bereits bestehende Formel nicht einfach auf die deutsche Sprache übertragen. Stattdessen haben sich die Sprachforscher direkt mit der deutschen Sprache auseinandergesetzt.

Die Skala der Wiener Sachtextformeln beginnt bei vier und endet bei 15. Der niedrigste Wert steht für einen sehr leichten Text, der höchste für einen schwierigen Inhalt. Die Werte sind außerdem als Schulstufen zu betrachten; vier steht demzufolge für die vierte Klasse. Da das deutsche Schulsystem jedoch nur zwölf Klassen hat, sind alle nachfolgenden Werte eher als Schwierigkeitsstufen zu sehen.

Bamberger und Vanecek erstellten vier Sachtextformeln:

Erste Wiener Sachtextformel

WSTF = 0,1935 * MS + 0,1672 * SL + 0,1297 * IW – 0,0327 * ES – 0,875

Zweite Wiener Sachtextformel

WSTF = 0,2007 * MS + 0,1682 * SL + 0,1373 * IW – 2,779

Dritte Wiener Sachtextformel

WSTF = 0,2963 * MS + 0,1905 * SL - 1,1144

Vierte Wiener Sachtextformel (im Hinblick auf die Jahrgangsstufe)

WSTF4 = 0,2656 * SL + 0,2744 * MS – 1,693

Dabei steht:

- MS für den prozentualen Anteil der Wörter mit drei oder mehr Silben (Mehrsilber),

- SL für die mittlere Satzlänge (Anzahl der Wörter),
- IW für den prozentualen Anteil der Wörter mit mehr als sechs Buchstaben und
- ES für den Prozentanteil der Wörter mit nur einer Silbe (Einsilber).

Um den Lesbarkeitsindex eines Textes mithilfe der Wiener Sachtextformeln zu berechnen, muss dieser zunächst analysiert werden. Dazu benötigt man die oben genannten Angaben. Da dies allerdings sehr aufwändig ist, spielen die Wiener Sachtextformeln in der Praxis eines Texters eher eine untergeordnete Rolle. Dennoch ist es gut, einmal von ihnen gehört zu haben.

Hamburger Verständlichkeitskonzept

Wesentlich näher am Berufsalltag eines Texters ist das Hamburger Verständlichkeitskonzept. Dieses geht auf die drei Psychologen Reinhard Tausch, Inghard Langer und Friedemann Schulz von Thun zurück. Diese suchten in den 1970er Jahren nach allgemeingültigen Aspekten, die einen Text leicht beziehungsweise schwer verständlich machen.

Folgst du dem Hamburger Verständlichkeitsmodell, kennzeichnen vier Merkmale einen verständlichen Text: Einfachheit, Gliederung und Ordnung, Kürze und Prägnanz sowie anregende Zusätze. In der Praxis sieht das so aus:

Einfachheit: Schreibe kurze und einfache Sätze mit neun bis 13 Wörtern. Verwende geläufige Begriffe mit bis zu drei Silben. Verzichte möglichst auf Fremdwörter. Sollten diese sich nicht vermeiden lassen, erkläre die Fachbegriffe. Nebensätze sollten vor oder nach Hauptsätzen stehen, nicht mittendrin.

Gliederung und Ordnung: Gliedere deinen Text so, dass sein Aufbau stimmig und nachvollziehbar ist. Bringe die einzelnen Gesichtspunkte in eine logische Reihenfolge. Dabei sollte ein roter Faden erkennbar sein.

Nutze Überschriften, Formatierungen, Aufzählungen etc. zur optischen Gliederung. Damit hilfst du deinem Leser, sich in einem Text zurechtzufinden. Stelle die wichtigsten Inhalte an den Anfang eines Satzes oder Absatzes. Formuliere pro Satz nur einen Gedanken.

Anstatt das		Versuche das
schwafeln, weit ausholen	→	kurz und kompakt auf den Punkt kommen
Schachtelsätze	→	kurze, einfache Sätze
unlogische Reihenfolge	→	stimmiger und nachvollziehbarer Aufbau
Textwüste	→	Integration von Bildern, Grafiken & Illustrationen

Kürze und Prägnanz: Bringe das Thema kurz und kompakt auf den Punkt. Achte darauf, alles Notwendige zu sagen, ohne dabei abzuschweifen. Schreibe deinen Text aber auch nicht zu kurz. Extrem knappe Texte können das Verständnis ebenso erschweren wie zu ausführlich formulierte Inhalte.

Streiche überflüssige Wörter und Sätze. Prüfe die verwendeten Wörter außerdem auf Prägnanz. Schreibe nicht Schlafgelegenheit, wenn du ein Bett meinst.

Zusätzliche Stimulanz: Integriere Bilder, Grafiken und Illustrationen in einen Artikel oder eine Produktbeschreibung. Sprich deinen Leser persönlich an, wenn es sich anbietet.

Halte ihn mit kleinen Zusätzen, die den Sachverhalt lebendiger erscheinen lassen und Emotionen wecken, bei der Stange. Setze dieses Beiwerk jedoch sparsam ein. Weniger ist oft mehr.

Doch wie überprüfst du die Verständlichkeit deines Textes mithilfe des Hamburger Verständlichkeitskonzepts? Dafür haben die Autoren eine Messlatte mit fünf Abstufungen entwickelt.
Du beurteilst demnach einen Text, indem du die Ausprägung der vier Merkmale einschätzt.

Vier Dimensionen der Verständlichkeit

Einfachheit	**++**	**+**	0	-	--	Kompliziertheit
Gliederung, Ordnung	**++**	**+**	0	-	--	Unübersichtlichkeit, Zusammenhanglosigkeit
Kürze, Prägnanz	++	**+**	**0**	-	--	Weitschweifigkeit
Zusätzliche Stimulanz	++	**+**	**0**	**-**	--	keine zusätzliche Stimulanz

++ bedeutet, dass die Eigenschaft, die zu diesem Merkmal gehört, deutlich vorhanden ist.

+ bedeutet, dass die Eigenschaft nur teilweise vorhanden ist.

0 bedeutet die neutrale Mitte, es gibt also weder eine Ausprägung in die eine noch in die andere Richtung.

– bedeutet, die Eigenschaft ist weniger stark ausgeprägt.

– – bedeutet, dass die Eigenschaft gar nicht vorhanden ist.

Das Ergebnis könnte beispielsweise so aussehen:

Einfachheit: +
Gliederung und Ordnung: – –
Kürze und Prägnanz: ++
Zusätzliche Stimulanz: 0

Konkret würde das in diesem Fall bedeuten: Der Text ist zwar grundsätzlich einfach formuliert und leicht verständlich, an manchen Stellen gibt es jedoch Verbesserungsbedarf.

Allerdings besitzt er keine inhaltliche Gliederung oder Struktur. Außerdem ist er zu lang, weil der Autor nicht auf den Punkt kommt. Der Sachverhalt ließe sich wesentlich kürzer und kompakter darstellen. Die Tonalität ist neutral. Hier würde etwas zusätzliche Stimulanz nicht schaden.

Zusammenfassend lässt sich sagen, dass das Hamburger Verständlichkeitskonzept eine gute Möglichkeit ist, Texte anhand der vorgegebenen Kriterien zu beurteilen. Allerdings braucht es hierfür auch etwas Erfahrung. Scheue dich nicht davor, routiniertere Kollegen um Unterstützung zu bitten. Mit der Zeit wird es dir dann wesentlich leichter fallen, eigene Texte in Bezug auf ihre Verständlichkeit zu beurteilen.

„Leichte Sprache“ bezeichnet eine besonders verständliche Formulierung von Texten. Damit sollen auch Menschen mit Lernschwierigkeiten Zugang zu Informationen erhalten. Diese vereinfachte Ausdrucksweise ist jedoch nicht nur für Menschen mit kognitiven Einschränkungen hilfreich, sondern auch für sehbehinderte und gehörlose Menschen sowie für Personen mit geringen Deutschkenntnissen.

Es gibt klare Regeln für die leichte Sprache. Diese gibt seit 2006 der deutsche Verein „Netzwerk Leichte Sprache“ heraus. Hier eine Auswahl der von dem Verein aufgestellten Regeln:

Wörter

- Benutze einfache Wörter wie „erlauben“ statt „genehmigen“.
- Verwende bekannte Wörter. Verzichte auf Fach- und Fremdwörter. Ist das nicht möglich, erkläre schwere Wörter.
- Gebrauche immer die gleichen Wörter für die gleichen Dinge. Beispiel: Du schreibst über ein Medikament. Wechsele dabei nicht zwischen „Tablette“ und „Pille“.
    - Achte auf eine kurze Wortlänge. Schreibe „Bus“ statt „Omnibus“. Empfehlung: Vermeide Wörter mit mehr als drei Silben. Trenne lange Wörter mit einem Bindestrich.

Zahlen und Zeichen

- Schreibe Zahlen so, wie die meisten Menschen sie kennen. Verwende arabische Zahlen (beispielsweise 9) statt römischer Zahlen (zum Beispiel IX).

- Vermeide alte Jahreszahlen. Schreibe statt 1867 lieber vor langer Zeit oder vor mehr als 100 Jahren.
- Vermeide hohe Zahlen und Prozentzahlen. Benutze lieber Vergleiche oder ungenaue Angaben. Wenn es genauer sein soll, schreibe beispielsweise ein „fast“ dazu.
- Schreibe Zahlen in Ziffern statt in Wörtern, also 5 statt fünf.

Sätze

- Formuliere kurze Sätze. Mache in jedem Satz nur eine Aussage. Tipp: Trenne lange Sätze und teile sie in viele kurze Sätze auf.
- Am Anfang eines Satzes dürfen auch die Wörter „oder“, „wenn“, „weil“ und „aber“ stehen.

Texte

- Sprich deine Leser persönlich an. Benutze die Anrede „Sie“. Duze lediglich Kinder oder Leser, die du persönlich kennst. Wenn du die weibliche und die männliche Ansprache in Texten benutzt, schreibe immer erst die männliche Form. Das ist leichter zu lesen.
- Vermeide Fragen im Text. Grund: Einige Menschen fühlen sich dadurch belehrt. Andere wiederum denken, sie müssten darauf antworten. Du kannst Fragen jedoch als Überschrift verwenden.

Die leichte Sprache steht im Widerspruch zu einigen anderen Sprachregeln, zum Beispiel den im Duden empfohlenen Schreibweisen oder der geschlechtsneutralen Sprache, auf die ich im nächsten Absatz zu sprechen komme.

Leichte Sprache wird im Allgemeinen nicht in Web-Texten wie beispielsweise Blogartikeln verwendet. Wenn diese jedoch für deine Zielgruppe wichtig ist, hast du nun eine Idee davon bekommen, wie du Inhalte in leichter Sprache aufbereiten kannst. Das vollständige Regelwerk findest du hier: https://www.leichte.sprache.sachsen.de/was-ist-leichte-sprache.html

Geschlechtsneutrale Sprache (Gendern)

Als Texter solltest du auch wissen, wie man richtig gendert, also eine geschlechtsneutrale Sprache verwendet. Doch warum ist das Thema heutzutage so wichtig? Weil eine gerechte Sprache dabei hilft, alle Menschen gleichermaßen sichtbar zu machen und keine Personen zu benachteiligen.

Zur besseren Veranschaulichung eine kleine Geschichte aus meiner beruflichen Laufbahn. Mir war mir lange Zeit nicht bewusst, dass ich das Sprachrohr männlicher Experten war. Denn bei meiner Arbeit als Online-Redakteurin musste ich häufiger Experten-Statements in meine Artikel einbringen. So benötigte ich beispielsweise Zitate von Ärzten oder Psychologen.

Da ich aber nicht für jedes Thema den passenden Experten zur Hand hatte, recherchierte ich in der Regel bei Google nach Personen, die bereits in anderen Medien zitiert wurden. Ich gab also in die Suche wie selbstverständlich die Begriffe „Arzt" oder „Psychologe" ein – und stieß dabei natürlich überwiegend auf Ärzte und Psychologen, nicht auf Ärztinnen und Psychologinnen.

Das klingt jetzt vielleicht auf den ersten Blick nicht so schlimm. Schließlich ist es ja grundsätzlich egal, ob ein Experte ein Mann oder eine Frau ist. Die Tatsache, dass Frauen in der medialen Berichterstattung als Fachleute eher eine Nebenrolle spielen, vermittelt vielen Menschen jedoch den Eindruck, dass überwiegend Männer die Experten sind. Und das ist schlecht mit Hinblick auf Gleichberechtigung und Chancengleichheit.

Es gibt aber auch noch einen anderen Grund, eine geschlechtsneutrale Sprache zu verwenden. Einige Menschen definieren sich weder als männlich noch als weiblich – und auch sie werden durch das sogenannte generische Maskulinum diskriminiert.

Vom generischen Maskulinum spricht man, wenn wir in unserer alltäglichen Sprache überwiegend Bezeichnungen und Wörter verwenden, die einen Mann implizieren. Es wird auch dann genutzt, wenn man eigentlich von einer Frau oder einer Gruppe aus Männern und Frauen spricht.

Schreibe ich also einen Text über Ärzte, stellen sich meine Leser augenblicklich eine Gruppe aus Männern mit weißen Kitteln und Stethoskopen um den Hals vor. Ärztinnen kommen in dieser Vorstellung in der Regel nicht vor.

Und tatsächlich macht sich dieses Phänomen überwiegend bei Berufsbezeichnungen bemerkbar: Lehrer, Beamte, Geschäftsführer, Minister etc. – sie alle suggerieren, dass es sich in erster Linie um Männer handelt.

Im Zuge der Gleichberechtigung fordern daher nicht nur viele Frauen und Männer eine geschlechtergerechte Sprache. Auch immer mehr Unternehmen, Institute und Behörden gehen dazu über, ihre Kommunikation geschlechtsneutral zu gestalten.

Doch wie gendert man richtig? Grundsätzlich gibt es drei Möglichkeiten, einen Text geschlechtergerecht zu formulieren. Dazu verwendet man

- neutrale Formulierungen,
- die Paarform oder
- Sonderzeichen.

Die neutrale Formulierung ist meine favorisierte Variante, da hierbei alle Geschlechter gleichermaßen angesprochen werden und der Lesefluss eines Textes nicht beeinträchtigt wird.

Bei einer neutralen Formulierung wird keine Auskunft über das Geschlecht der benannten Personen gegeben. Somit werden automatisch Frauen und Männer gleichermaßen einbezogen. Außerdem ist die neutrale Formulierung barrierefrei und platzsparend.

Einziges Manko bei dieser Variante: Nicht für jedes Wort existieren neutrale Begriffe. Darüber hinaus erfordert es von einem Texter mehr Kreativität und ein Umdenken. Eine kleine Eselsbrücke, die dir bei der Suche nach der richtigen Formulierung helfen kann: Die geschlechtsneutrale Formulierung wird immer in der Pluralform verfasst.

Beispiele für eine genderneutrale Formulierung sind Studierende statt Studenten, Beschäftigte statt Mitarbeiter, Lehrkräfte statt Lehrer.

Paarform

Eine weitere Möglichkeit zu gendern, ist die Nutzung von Paarformen. Hierbei werden von einem Wort sowohl die männliche als auch die weibliche Form genannt. Bei der vollständigen Paarform werden beide Geschlechterformen mit der Konjunktion „und“ ausgeschrieben.

Beispiele für die Verwendung der vollständigen Paarform sind Mitarbeiterinnen und Mitarbeiter statt Mitarbeiter oder Schülerinnen und Schüler statt Schüler. Bei der verkürzten Paarform werden die weibliche und männliche Geschlechterform durch den Schrägstrich getrennt. Beispiele für die verkürzte Paarform sind Mitarbeiter/innen oder Schüler/innen.

Diese Art der Formulierung ist Teil der amtlichen Rechtschreibung und wird außerdem häufig in der internen Unternehmenskommunikation eingesetzt. Sie ist – wie die neutrale Form – barrierefrei.

Allerdings nimmt die Nutzung der Paarform in Texten sehr viel Platz ein. Darüber hinaus werden nur zwei Geschlechter, also männlich und weiblich, mit einbezogen.

Sonderzeichen

Die dritte Lösung ist die Verwendung von Sonderzeichen. Diese Variante wird am ehesten allen Geschlechtern gerecht, sie stört den Textfluss jedoch am meisten. Auch im Hinblick auf die Suchmaschinenoptimierung ist diese Methode eher fraglich.

Das Gendern mit Sonderzeichen umfasst die Genderstile mit Gendersternchen, Unterstrich, Doppelpunkt, Schrägstrich, Klammern oder Binnen-I. Das funktioniert folgendermaßen: du platzierst das jeweilige Zeichen zwischen der männlichen und der weiblichen Wortendung. Willst du mit dem Binnen-I gendern, musst du den ersten Buchstaben der längeren Wortendung großschreiben.

Das Gendersternchen ist vermutlich die bekannteste all dieser Lösungen. Beispiele für Gendersternchen sind: Mitarbeiter*in, Politiker*in oder Engländer*in. Diese Variante umfasst auch das diverse Geschlecht, das heißt Menschen, die sich keiner binären Geschlechtsidentität zuordnen möchten.

Eine weitere beliebte Möglichkeit ist der sogenannte Gender Gap. Anstatt eines Sternchens werden die Geschlechter hier mit einem Unterstrich gekennzeichnet: Mitarbeiter_In und Politiker_In. Auch hier symbolisiert der Unterstrich einen Platz für das diverse Geschlecht.

Diese Lösung bietet sich jedoch nicht bei allen Wörtern der deutschen Sprache an, beispielsweise bei der Köchin. Denn die männliche und weibliche Variante werden mit unterschiedlichen Wortstämmen gebildet: Koch und Köchin.

Will man diese Berufsbezeichnung nun genderneutral gestalten, kommen die zuvor genannten Methoden nicht infrage. Daher verwendet man in einem solchen Fall den weiblichen Wortstamm in Verbindung mit dem Gendersternchen oder dem Gender Gap: Köch*in beziehungsweise Köch_In.

Darüber hinaus ist auch die Verwendung von Doppelpunkten, Schrägstrichen und Klammern möglich. Du kannst also statt Mitarbeiter*in und Mitarbeiter_In auch Folgendes schreiben: Mitarbeiter:in, Mitarbeiter/in oder Mitarbeiter(in).

Eine weitere Gender-Variante kann mit dem Binnen-I erfolgen. Allerdings kann diese Lösung nur angewendet werden, wenn die weibliche Form auf „in" endet. In einer solchen Situation wird in der Mitte des Wortes ein großgeschriebenes „I" anstelle eines Schrägstrichs eingesetzt und somit beide Geschlechterformen zusammengezogen. Beispiele: MitarbeiterIn, PolitikerIn oder EngländerIn.

Achtung: Fast alle Gendervarianten mit Sonderzeichen sind nicht Teil der amtlichen Rechtschreibung. Darüber hinaus sind sie nicht barrierefrei. Bei der Variante mit Schrägstrich musst du außerdem besonders aufpassen, dass hier keine falschen Wortkombinationen entstehen, beispielsweise Freunde/innen statt Freund/innen/e.

Schließlich gibt es noch die Möglichkeit, in einem Text abwechselnd weibliche und männliche Formulierungen zu verwenden. Hier ein Beispiel für eine solche Variante: Die Sekretärin Claudia Roth wandte sich mit einem technischen Problem an ihren Vorgesetzen Dr. Roland Berger. Der Chef erklärte seiner Mitarbeiterin freundlich, wie sie dieses Dilemma lösen kann. Der Kollege Peter Meyer soll ihr dabei helfen.

In der Praxis ist diese Vorgehensweise allerdings etwas umständlich und für den Leser unter Umständen irreführend. Falsch ist dieser Ansatz jedoch grundsätzlich nicht.

Aufbau von Web-Texten

Nachdem du nun das theoretische Wissen für die Erstellung von Web-Texten besitzt, geht es jetzt um die Praxis. Im zweiten Teil dieses Buches geht es also ans Eingemachte. Dabei fangen wir mit dem Aufbau von Web-Texten an – und zwar am Beispiel eines Online-Artikels oder Blogartikels. Im Allgemeinen sind diese Textsorten wie folgt strukturiert.

- Überschrift
- Teaser
- Hauptteil
- Schluss

Auf die einzelnen Punkte gehe ich im Folgenden ein.

Überschrift

Die Überschrift ist der wichtigste Teil eines Textes, denn 80 Prozent der Menschen lesen laut dem berühmten britischen Werbetexter David Ogilvy nur die Headline, nicht den kompletten Artikel. Die ersten Wörter sind also dafür ausschlaggebend, ob jemand im Internet auf einen Text klickt – oder nicht.

---

80 Prozent der Menschen lesen nur die Headline, nicht den kompletten Artikel.

Warum? Eine gute Überschrift zeigt, worum es in dem Text geht. Sie macht Lust darauf, mehr zu erfahren. Sie verspricht dem Leser, eine Lösung für seine Probleme zu liefern. Sie kündigt einen Nutzen oder Mehrwert an, den es sich zu erfahren lohnt. Sie sticht aus der Masse der ganzen übrigen Werbebotschaften heraus. Sie spricht genau die Personen an, die sie erreichen soll.

Doch verrate nicht direkt zu viel, sonst verlierst du deinen potenziellen Leser gleich wieder. Du siehst also, es ist ein regelrechtes Kunststück, eine gute Überschrift zu verfassen.

Nun fragst du dich jetzt vielleicht, wie du dieses Kunststück ohne viel Erfahrung hinkriegen sollst. Zum Glück nicht allein, denn diese Hürde haben vor dir bereits zahlreiche etablierte Werbetexter genommen.

Experten wie David Ogilvy haben tausende Werbetexte gegeneinander getestet. Sie wissen also, was sie tun müssen und wann eine Überschrift besonders gut funktioniert. An ihren Techniken kannst du dich gut orientieren.

Im Folgenden stelle ich dir zwölf erprobte Headlines vor.

1. Das Geheimnis von [ ]

Kündige mit der Überschrift Insiderwissen an.

Beispiel: Das Geheimnis meiner erfolgreichen Gewichtsabnahme

2. Wie Sie...

Diese Überschrift gibt dem Leser das Versprechen, eine Lösung für seine Probleme zu erhalten.

Beispiel: Wie Sie in zehn Wochen locker zehn Kilo verlieren

3. Die Frage

Die Frage-Überschrift spricht ein Problem an, das dein Leser hat.

Beispiel: Haben Sie auch schon unzählige Diäten ausprobiert, ohne dabei abzunehmen?

4. Begründung

Diese Überschrift ist einfach, aber effektiv. Noch besser funktioniert sie, wenn du hierfür Zahlen verwendest.

Beispiel: 10 Gründe, warum Sie es nicht schaffen, abzunehmen.

5. Wege

Aber auch das Gegenteil funktioniert wunderbar: Du zeigst deinem Leser Wege aus seinem Dilemma auf. Auch hier kannst du gern Zahlen nutzen. Alternativ: Schritte, Tipps, Tricks etc.

Beispiel: 5 einfache Wege zum Wunschgewicht

6. Listen

Ein Klassiker bei den Überschriften sind außerdem Listen. Besonders gut eignen sich hierfür Top-10-Listen mit Superlativen (top, besten, erfolgreichsten, schönsten, wichtigsten, etc.).

Beispiel: Die 10 effektivsten Nahrungsergänzungsmittel zum Abnehmen

7. News

News-Überschriften funktionieren, weil sie etwas Neues, Aufregendes, Exklusives versprechen und der Leser befürchtet, etwas zu verpassen.

Beispiel: Goji-Beere – das neue Superfood aus den USA

8. Aufforderung

Hier forderst du deinen Leser auf, etwas zu tun, und gibst ihm den nötigen Schubs, um eine Änderung in seinem Leben zu bewirken.

Beispiel: Geben Sie sich nicht länger mit Ihrem Übergewicht zufrieden

9. Berühmtheiten

Überschriften mit Berühmtheiten funktionieren deshalb so gut, weil Promis häufig ein Vorbild für uns sind.

Beispiel: So nahm der Bergdoktor sagenhafte 20 Kilo ab

10. Empfehlungen

Empfehlungen signalisieren deinen potenziellen Lesern, dass andere von deinen Produkten oder Dienstleistungen begeistert sind. Wichtig: Zitate in einer Überschrift werden immer in Anführungszeichen gesetzt.

Beispiel: „Seit ich Vitamin B12 von [ ] nehme, ist meine Müdigkeit wie weggeblasen."

11. Doppelpunkt

Doppelpunkt-Überschriften sind ideal dafür, das SEO-Keyword an erster Stelle unterzubringen. Außerdem signalisieren sie dem Leser direkt am Anfang, worum es in dem Artikel geht.

Beispiel: Nahrungsergänzungsmittel: Die unterschätzten Helfer bei einer Diät

12. Warnung

Mit diesem Überschriften-Typ machst du deinen Leser neugierig, weil er unbedingt wissen will, was hinter der Warnung steckt.

Beispiel: Machen Sie nicht diese Fehler bei einer Diät

Weitere Tipps für gelungene Überschriften

- Formuliere eine Überschrift möglichst knapp, ohne sie allzu stark zu verkürzen.
- Verwende eine klare und verständliche Sprache.
- Vermeide Passivkonstruktionen.

- Benutze Signalwörter wie Namen oder bekannte Begriffe.
- Spiele mit Abweichungen, Kontroversen oder Aha-Effekten.
- Aber: Verwende keine rätselhaften Überschriften oder Floskeln. Vorsicht auch bei Wortspielen.
- Streiche Füllwörter. In einer knackigen Headline sind überflüssige Wörter fehl am Platz.

Regeln für Überschriften

Und abschließend noch ein paar Regeln für Überschriften, die hier natürlich nicht fehlen dürfen.

- Überschriften haben keinen Schlusspunkt am Satzende. Das gilt sowohl für ganze als auch für verkürzte Sätze.
- Ausrufe- und Fragezeichen werden jedoch am Ende einer Headline gesetzt.
- Bestehen Überschriften aus mehreren Sätzen, steht am Ende des ersten Satzes ein Punkt, wohingegen der letzte Satz keinen Schlusspunkt hat.
- Satzbinnenzeichen wie Komma, Gedankenstrich und Klammern werden in Überschriften ganz normal verwendet.
- Nach einem Gedankenstrich wird klein weitergeschrieben, wenn dieser einen erläuternden Zusatz einleitet. Ausnahme: Der Zusatz beginnt mit einem Substantiv.
- Zitate schreibt man in Überschriften immer in Anführungszeichen.

Übrigens: Bildunterschriften unterliegen den gleichen Regeln wie Überschriften, wenn sie aus einem Satz bestehen. Ab zwei Sätzen gelten die Regeln von Fließtexten.

Kommen wir nun zum Teaser, dem zweitwichtigsten Teil eines Textes. Ein Teaser reißt einen Inhalt kurz an, weshalb man ihn im Journalismus und in der Werbung auch als Anreißer bezeichnet. Hinter einem schwachen Teaser wird der beste Text nicht gefunden, weil er schlecht „verkauft" wurde.

Ein Teaser dient also dazu, deinem Leser den Kern des Beitrags „schmackhaft" zu machen. Er muss auf den ersten Blick verständlich sein, darf nicht zu viel Wissen voraussetzen und muss neugierig machen, ohne dabei allzu viel zu verraten.

In der Regel besteht der Teaser aus wenigen Sätzen, die den Folgeinhalt einleiten. Um einen guten Teaser zu schreiben, kannst du dir die folgende Technik zunutze machen:

- Zeige Empathie für deinen Leser, indem du dich in seine aktuelle Situation hineinversetzt.
- Stelle eine Lösung für sein Problem in Aussicht.
- Signalisiere deinem Leser, dass er diese Lösung in dem nachfolgenden Text findet.

Beispiel: Sie haben bereits unzählige Diäten hinter sich, kämpfen jedoch nach wie vor mit Ihrem Gewichtsproblem? Ein neues Nahrungsergänzungsmittel kann Ihnen dabei helfen, endlich Ihr Wunschgewicht zu erreichen. Denn hierbei kommen Substanzen zum Einsatz, die den Stoffwechsel ankurbeln. Wie das genau funktioniert, erfahren Sie in diesem Artikel.

Insgesamt gibt es vier Arten von Teasern:

Lead: Der Lead beantwortet alle wichtigen journalistischen W-Fragen (dazu später mehr) und dient gewissermaßen als Inhaltsangabe.

Cliffhanger: Dieser Teaser folgt im Aufbau dem Lead und gibt Einblicke in den Inhalt. Der Cliffhanger bricht jedoch bewusst an der spannendsten Stelle ab, damit der Leser gezwungen ist, den Beitrag weiterzulesen.

Point of View: Bei dieser Variante taucht man direkt in das Geschehen ein und beschreibt einen kleinen, spannenden Ausschnitt des gesamten Beitrags, wodurch der Leser mehr über die Geschichte erfahren will.

Headline-geleitet: Dieser Teaser orientiert sich an den verschiedenen Zwischenüberschriften des Textes und fasst somit alle wichtigen Abschnitte kurz zusammen.

Grundsätzlich sollte ein Teaser auch den sogenannten „Küchenzuruf" enthalten. Erfunden wurde dieser Begriff von Henri Nannen, Gründer und langjähriger Chefredakteur des „Stern". Doch was ist ein Küchenzuruf?

Dahinter verbirgt sich, leicht abgewandelt, diese Geschichte: Hans und Grete sind gerade vom Einkaufen zurückgekommen, wo sie die neueste Ausgabe der „Bunte" erworben haben. Zu Hause angekommen, geht Grete in die Küche, um das Mittagessen zuzubereiten, während ihr Mann nebenan im Wohnzimmer Platz nimmt und die Zeitung liest.

Nachdem er den ersten Artikel zu Ende gelesen hat, ruft er seiner Frau durch die geöffnete Küchentür zu: „Grete, der Bergdoktor hat in kürzester Zeit 20

Kilo abgenommen. Der hat komplett auf Zucker, Alkohol und Kohlenhydrate verzichtet – wie geht denn sowas?"

Diese zwei Sätze sind der Küchenzuruf des Artikels, also die zentrale Botschaft, die die Kernaussage auf den Punkt bringt. Die Rollen in dieser Geschichte sind zwar altmodisch, aber die Aussage ist nach wie vor dieselbe.

Nachdem du jetzt also weißt, wie ein Teaser aufgebaut sein und welche Aussagen er beinhalten sollte, geht es an die richtige Formulierung. Hierfür kannst du die SPATZI-Regel anwenden:

- **S**tilsicher
- **P**rägnant
- **A**nregend
- **T**echnisch einwandfrei
- **Z**ielsicher
- **I**nhaltlich relevant

Konkret bedeutet das:

Stilsicher: Damit ein Teaser funktioniert, sollte er gut strukturiert und verständlich sein, damit deine Leser auf den ersten Blick erkennen, worum es in dem Artikel geht.

Das gelingt dir am besten, indem du kurze Hauptsätze und eine aktive Sprache verwendest. Formuliere im Präsens statt im Perfekt. Das macht deinen Text lebendiger. Nutze außerdem Gedankenstriche und Doppelpunkte – sie geben dem Teaser mehr Tempo.

Vermeide komplizierte Satzkonstruktionen und Schachtelsätze und verzichte auf zu viele Substantive. Auch Floskeln, Anglizismen und Fremdwörter haben in einem Teaser nichts zu suchen. Erstere sind nichtssagend und letztere für manche Leser schwer verständlich.

Prägnant: Führe keine langen Monologe, sondern komm mit wenigen Sätzen schnell auf den Punkt. Verwende daher für den Teaser maximal 300 Zeichen.

Hier gilt die KISS-Regel: Keep it short and simple. Zu Deutsch: Mache es dem Leser so einfach wie möglich. Je weniger kompliziert ein Sachverhalt dargestellt wird, desto einfacher ist er für ihn zu verstehen.

Verzichte daher auch auf überflüssige Informationen, wie beispielsweise Zahlen, Zeitangaben und Füllwörter.

Anregend: Damit dein Beitrag gelesen wird, muss dein Teaser „Lust auf mehr" machen. Das geschieht, indem du das Interesse deines Lesers weckst. Wie du das machst? Indem du ihm eine Neuigkeit oder Lösung versprichst, die er noch nicht kennt.

Gib ihm dafür die Informationen, die er benötigt, um zu wissen, worum es in dem Artikel geht. Mache ihn so neugierig, dass er mehr darüber erfahren will. Signalisiere daraufhin, dass du ihm die gewünschten Informationen in dem nachfolgenden Text geben wirst.

Eine andere Möglichkeit ist der zuvor genannte Cliffhanger, bei dem du im Teaser dort abbrichst, wo es gerade spannend wird. Diese Methode eignet sich jedoch nicht für alle Formate. Sie ist für Boulevard-Artikel interessanter als für Sachtexte oder ernstere Themen.

Übrigens ist ein Cliffhanger nicht mit Clickbaiting zu verwechseln. Dabei handelt es sich nämlich um reißerische Überschriften, die den Leser dazu bewegen sollen, unbedingt einen Artikel lesen zu wollen. Ihm wird das Gefühl vermittelt, andernfalls etwas zu verpassen.

In der Regel erfüllt der Inhalt diese hohe Erwartungshaltung jedoch nicht, weil er sich letztendlich als eher mäßig interessant erweist. Deswegen gilt Clickbaiting im Allgemeinen als unseriös.

Es wird außerdem nur ein kurzweiliger Erfolg erzielt, weil du damit das Interesse des Lesers nur für eine geringe Zeitspanne gewinnst. Im schlimmsten Fall kann Clickbaiting sogar zu Einschränkungen der Reichweite einer Website führen. Denn eine geringe Sitzungsdauer und eine hohe Absprungrate zeigen Google, dass der Nutzer die gesuchten Informationen dort nicht gefunden hat.

Technisch einwandfrei: Sorge dafür, dass dein Teaser suchmaschinen-optimiert ist und von Google richtig dargestellt wird. Verfasse hierfür eine passende Meta-Description und definiere die richtigen Keywords. Hierauf komme ich später noch einmal genauer zu sprechen.

Zielsicher: Damit deine Botschaft bei den richtigen Personen ankommt, musst du die richtige Tonalität verwenden. Besteht deine Zielgruppe beispielsweise aus Geschäftsleuten, solltest du dich eher sachlich und gehoben ausdrücken. Bei hippen Start-ups kannst du hingegen einen lockeren, umgangssprachlichen Ton anschlagen.

Passe deinen Teaser zudem an die Plattform an, auf der dein Beitrag veröffentlicht werden soll. Kläre im Idealfall vorab mit deinem

Auftraggeber, ob es in seinem Unternehmen einen bestimmten Sprachstil oder andere Vorgaben gibt, an die du dich halten musst.

Inhaltlich relevant: Zu guter Letzt, aber nicht weniger relevant, sollte dein Artikel deinen Lesern auch einen Mehrwert bieten – und das kommunizierst du idealerweise bereits im Teaser. Inhaltlich relevant sind Informationen, die für deine Zielgruppe von Bedeutung sind.

Beschreibe daher kurz, was den Leser erwartet. Gewähre ihm Einblicke in den Artikelinhalt, nimm aber nicht alles vorweg. Sonst verliert er schnell wieder das Interesse.

Sprich ihn gern auch direkt an. Eine direkte Ansprache schafft eine persönliche Bindung und senkt die Hürde, weiterzulesen. Dein Leser fühlt sich von dir verstanden.

Stelle zu Beginn eine Frage. Versetze dich in die Situation deines Lesers. Was beschäftigt ihn? Welches Problem hat er? Schaffe durch die Frage eine gewisse Nähe.

Hauptteil

Der Hauptteil greift das im Teaser angekündigte Thema auf, geht aber inhaltlich mehr in die Tiefe. Sein Ziel ist es, den Leser von einem Angebot oder einer Dienstleistung zu überzeugen. Falle jedoch nicht gleich mit der Tür ins Haus und erkläre am Anfang lang und breit, wie alles funktioniert.

Versetze dich stattdessen zunächst in die Lage deines Lesers. Was wird sich für ihn ändern, wenn er dein Angebot oder das deines Auftraggebers wahrnimmt? Wie wird sein Leben danach leichter oder besser? Spart er vielleicht Geld oder Zeit? Kann er seinen Alltag oder seine Beziehungen verbessern?

Dabei spielst du für diesen Leser den Dolmetscher und übersetzt deine Leistungen oder die deines Auftraggebers in Kundenvorteile.

Denke immer an deine Zielgruppe. Was war noch mal ihr größtes Problem? Darauf solltest du dich im Hauptteil fokussieren. Und Fokussieren bedeutet einen Aspekt näher zu beleuchten und nicht eine Vielzahl von Kundenvorteilen willkürlich aneinanderzureihen.

Dafür eignet sich ein Listicle. Der Begriff „Listicle" setzt sich aus den englischen Wörtern „list" und „article" zusammen. Dadurch wird bereits deutlich, worum es sich handelt: ein Artikel, der Informationen in Form einer Liste präsentiert.

Bei einem Online-Artikel oder Web-Text im herkömmlichen Sinne ist es jedoch nicht sinnvoll. Denn sowohl dein Leser als auch Google wünschen sich EINE Lösung für EIN Problem. Behalte das stets im Hinterkopf.

Top-Kundenwünsche

Doch was sind typische Kundenwünsche und -bedürfnisse? Hier ein paar Beispiele:

- Kosten sparen: Wer möchte nicht gern etwas günstiger bekommen, beispielweise durch Rabatte oder Angebote?
- Gewinn erzielen: Auf der anderen Seite ist das Kundenbedürfnis, Gewinn zu erzielen und mehr zu verdienen.

- Einfachheit: Die meisten Menschen reagieren positiv auf alles, was ihr Leben erleichtert.
- Zeitgewinn: Ein weiterer Wunsch ist der, mehr Zeit für Freunde, Familie oder Hobbies zu haben.
- Mehr Attraktivität: Auch gut oder besser auszusehen steht bei vielen Menschen weit oben auf der Wunschliste.
- Prestige und Anerkennung: Einer der verbreitetsten Kundenwünsche ist der Besitz von Statussymbolen.
- Wachstum: Viele Menschen haben das Bedürfnis, sich persönlich und fachlich weiterzuentwickeln.
- Sicherheit ist eines unserer menschlichen Grundbedürfnisse. Sie kann viele Facetten haben, zum Beispiel Sicherheit im Job oder in Beziehungen, finanzielle Sicherheit, Planungssicherheit etc.
- Unterhaltung: Viele Kunden wünschen sich Ablenkung von ihrem monotonen Alltag.
- Gesundheit: Die eigene Gesundheit zu erhalten oder Schmerzen zu reduzieren ist ebenfalls ein sehr dominantes Kundenbedürfnis.

Nun hast du also das Problem deines Kunden skizziert und eine Lösung dafür in Aussicht gestellt – jetzt geht es darum, ihn zu überzeugen, warum ausgerechtet dein Produkt oder deine Dienstleistung das Richtige für ihn ist.

In Kapitel 4 habe ich dir die beiden Modelle AIDA und PPPP vorgestellt, die dir zeigen, wie es geht.

Hier noch einmal eine kurze Zusammenfassung. Beim AIDA-Modell überzeugst du deinen Leser mithilfe einer guten Argumentation. Mit der PPPP-Methode lieferst du Beweise für deine Behauptungen in Form von Statistiken, Studien oder Testimonials.

Zwischenüberschriften

Formuliere auch Zwischenüberschriften für deinen Text. Diese sind zum einen für die Suchmaschinenoptimierung unerlässlich, denn sie liefern wertvolle Signale, damit eine Seite besser rankt. Sie bieten deinem Leser aber auch eine optische Orientierung, weil sie die wichtigsten Punkte aufgreifen und den Text strukturieren.

Wichtig: Gute Zwischenüberschriften enthalten das Keyword des Textes sowie Synonyme. Sie fassen entweder die kommenden Absätze kurz zusammen oder bieten einen Ausblick und Leseanreiz.

Tipp: Nutze immer dann eine Zwischenüberschrift, wenn ein neuer Gedanke auftaucht. Als Faustregel gilt, dass pro 1.000 Zeichen eine Zwischenüberschrift verwendet wird.

Handlungsaufforderung

Web-Texte werden selten nur zum Spaß geschrieben – in der Regel verfolgt jeder Inhalt auch ein bestimmtes Ziel. Das kann der Download einer Broschüre sein, die Registrierung für einen Newsletter oder der Kauf eines Produktes. Um dieses Ziel zu erreichen, wird am Ende eines Beitrags eine Handlungsaufforderung eingefügt.

Im Marketingjargon spricht man dabei von einem Call-to-Action, kurz CTA. Dieser beschreibt, grob gesagt, die Interaktion zwischen einem Kunden und einem Unternehmen. Doch wie sieht so eine Handlungsaufforderung aus?

Idealerweise formulierst du einen Call-to-Action knapp und präzise. Dabei sagst du deinem Leser im Grunde nur, was er tun soll. Willst du also, dass er nach dem Lesen deines Artikels eine Broschüre herunterlädt, schreibst du das auch.

Im Falle unseres Nahrungsergänzungsmittel-Herstellers sähe das dann so aus: „Wünschen Sie mehr Informationen zu unseren Produkten? Dann laden Sie sich hier unsere kostenlose Broschüre herunter."

Je nach Format kann ein CTA auch deutlich kürzer ausfallen. Auf einer Kampagnenseite kannst du auch einfach schreiben: „Laden Sie hier unsere kostenlose Broschüre herunter" oder „Jetzt Broschüre herunterladen".

Auf einer Website kann eine Handlungsaufforderung auch lediglich aus einem Link oder einem Button bestehen. Manchmal kann der CTA auch zum Ziel haben, ein Formular auszufüllen oder an einem Quiz teilzunehmen.

Wichtig ist, dass du bei deinen Lesern beziehungsweise potenziellen Kunden bereits vorher das Interesse an dem Unternehmen, seinen Produkten oder Dienstleistungen geweckt hast. Ist dies nicht der Fall, bringt auch der beste CTA nichts.

Für die Formulierung bietet sich der Imperativ an. Benutze hierfür aktive Verben und sprich deinen Leser persönlich an. Denn: „Laden Sie unsere Broschüre herunter" funktioniert besser als „herunterladen".

Bedenke aber auch, dass deine Aufforderung keinen Befehlscharakter haben sollte, denn dein Leser möchte nicht bevormundet werden. Es geht nicht darum, ihm ein Angebot aufzuzwingen. Vielmehr soll der Leser an die Hand genommen werden, etwas zu tun, für das er selbst den Wunsch verspürt. Er muss lediglich erkennen, was er tun muss.

Dabei muss die Verknüpfung zu deinem zuvor verfassten Inhalt auf den ersten Blick ersichtlich sein. Biete ihm einen Mehrwert, beispielsweise eine kostenlose Broschüre, 20 Prozent Rabatt bei der Newsletter-Anmeldung etc. Sprich: Kommuniziere den Nutzen, den er hat, wenn er auf einen Button oder Link klickt.

Es ist außerdem sinnvoll, lediglich einen Call-to-Action zu verwenden. Zu viele Handlungsoptionen könnten einen Leser überfordern – im schlimmsten Fall kommt es dann zu gar keiner Handlung.

4 TIPPS FÜR BESSERE TEXTE

#1 Kreiere eine Überschrift, die Neugierde weckt. Die Überschrift muss die SEO-Keywords enthalten.

#2 Gliedere den Inhalt in sinnvolle Absätze, idealerweise bei jedem neuen Gedankengang ein neuer Absatz.

#3 Wähle passende Zwischenüberschriften. Faustregel: Pro 1.000 Zeichen eine Zwischenüberschrift.

#4 Ergänze eine Handlungsaufforderung (Call-to-Action) am Schluss.

Hier habe ich noch einmal alle Faktoren für eine gute Handlungsaufforderung zusammengefasst:

- Platziere den Call-to-Action am Ende eines Textes.
- Stelle eine Verknüpfung mit dem Inhalt her.
- Kommuniziere eine einzige Handlung.
- Formuliere diese Handlung knapp und präzise.
- Nutze aktive Verben und eine persönliche Ansprache.

- Biete dem Leser/Kunden einen Mehrwert.

Im Weiteren stelle ich dir ein paar Methoden vor, die deine Call-to-Action noch wirkungsvoller machen können.

Verknappung: Eine künstliche Verknappung macht Angebote für Interessenten noch attraktiver. Denn je weniger ein Produkt oder eine Dienstleistung verfügbar sind, desto begehrter sind sie.

Warum? Wenn man etwas kauft, wovon es nur wenige Exemplare gibt, wird das Belohnungszentrum im Gehirn aktiviert. Der Interessent wird quasi zu einer Kaufentscheidung „gezwungen".

Verknappung schafft man beispielsweise mit einem zeitlich begrenzten Angebot oder Frühbucherrabatten für Seminare, Events und Reisen.

Bonus: Biete deinem Interessenten einen Bonus an. Denn wenn ein Unternehmen oder ein Dienstleister jemandem die Möglichkeit gibt, bei einer Bestellung etwas Geld zu sparen, ist das eine Form der Belohnung – und danach sehnt sich im Grunde jeder.

Ein Bonus erhöht also die Effektivität eines Call-to-Action. Nach dem gleichen Prinzip funktionieren auch Rabatte.

Vertrauen: Viele Konsumenten zögern, auf Links oder Buttons zu klicken. Sie haben beispielsweise Angst, dass ihre Daten missbraucht werden oder sie Spam-Mails erhalten. Hier empfehlen sich vertrauensbildende Maßnahmen in der direkten Umgebung der Handlungsaufforderung.

Erkläre dem Interessenten beispielsweise mit einem ergänzenden Satz, warum seine Daten benötigt werden. Etwa so: „Wir benötigen Ihre Telefonnummer, um Sie in einem kostenlosen Telefongespräch zu beraten. Persönliche Nähe ist uns nämlich ausgesprochen wichtig."

Nun weißt du, wie du einen Web-Text schreibst. Doch wie fängst du am besten damit an? Auch hier gibt es verschiedene Möglichkeiten.

1. Recherchiere erst einmal gründlich und verschaffe dir einen guten Überblick über das Thema deines Artikels. Nimm dir Zeit und lies die Texte anderer Autoren. Lass dich davon ruhig inspirieren, schreibe aber nicht von anderen ab. Mache dir gegebenenfalls Notizen, die du später in deine Artikel einfließen lassen kannst.

2. Schreibe schnell und unterbrich deinen Schreibfluss nicht durch Korrekturen. Dann fließen deine Ideen ungebremst in den Artikel und du hältst dich nicht mit einzelnen Formulierungen auf. Korrigiere deinen Text im zweiten Durchgang. Lass den Text ruhig noch einmal über Nacht liegen, um am nächsten Morgen einen frischen Blick darauf zu werfen.

3. Fange zunächst damit an, deinen Artikel zu gliedern. Eine solche Struktur könnte folgendermaßen aussehen: Überschrift – Kernaussage – Einleitung – Teil 1 – Teil 2 – Teil 3 – Fazit. Formuliere auch schon die Zwischenüberschriften, um deine Kapitel thematisch und optisch zu gliedern.

Selbstverständlich sind dies nur einige der Herangehensweisen, die Texter und andere Autoren nutzen. Oft werden diese Methoden auch miteinander kombiniert. Mit der Zeit wirst du herausfinden, welche Art zu Schreiben dir liegt – und welche nicht.

Kanalübergreifend denken

Ein Hinweis zum Schluss: Eine gute Content-Strategie zeichnet sich dadurch aus, dass sie kanalübergreifend ausgerichtet ist. Das heißt, Inhalte werden so aufbereitet, dass sie für sämtliche Medien genutzt werden können, sprich Blogs, Newsletter, Social Media etc.

Die Kunst eines guten Texters besteht also darin, Inhalte von Beginn an so zu konzipieren, dass sie in ihren Bestandteilen variiert werden können und so über ein breites Spektrum an Plattformen flexibel eingesetzt werden können. Behalte das bei der Erstellung deiner Texte stets im Hinterkopf.

Journalisten, Redakteure, Blogger, Pressesprecher, SEO-Texter – sie alle eint das Spiel mit Wörtern. Und auch wenn sie nicht alle eine staatlich geregelte Journalisten-Ausbildung genossen haben, so sieht ihre Praxis doch sehr ähnlich aus: Sie informieren eine breite Öffentlichkeit über eine Vielzahl von Themen.

Journalistische Grundlagen sind daher für alle eine wichtige Basis für die Erstellung von informativem und seriösem Content. Im Folgenden gehe ich auf vier davon im Detail ein, die ich als besonders wichtig erachte.

Beantworte die W-Fragen

Jeder Blogartikel, jede Pressemitteilung und jede Produktbeschreibung folgt den stilistischen Regeln des Journalismus. Deswegen gelten bei nahezu allen Textsorten die journalistischen „W-Fragen". Diese bilden das Grundgerüst eines Textes, indem sie die wichtigsten Fragen beantworten, die sich ein Leser stellen könnte.

Gleichzeitig dienen sie dem Textersteller auch als Orientierungshilfe. Denn anhand der W-Fragen lassen sich alle notwendigen Informationen für einen Beitrag erfassen. Auch die Recherche wird durch die W-Fragen vereinfacht, da du mit ihrer Hilfe gezielt nach Antworten suchen kannst. Sie sind eine Art Checkliste, durch die man sich als Texter hangeln kann.

Mit den journalistischen W-Fragen werden die folgenden Fragen beantwortet:

- Was ist passiert? – Ereignis, Anlass
- Wer ist beteiligt? – Person(en), Unternehmen

- Wo geschah das Ganze? – Ort
- Wann ist es passiert? – Datum, Zeit
- Wie ist es abgelaufen? – Umstände, Details
- Warum geschah es? – Motive, Beweggründe

Zusätzlich werden die zuvor genannten W-Fragen um eine siebte ergänzt: die Frage nach der Quelle. Woher hat der Textersteller seine Informationen? Auf welche Quellen bezieht er sich in seinem Artikel? Hat er selbst Personen befragt oder beruft er sich auf fremde Inhalte? Die Beantwortung der letzten Frage sorgt für Glaubwürdigkeit. Sie ist für einen seriösen Artikel unerlässlich.

Die W-Fragen müssen nicht zwangsläufig in der Vergangenheit formuliert werden. Handelt es sich um ein Ereignis in der Zukunft, das beispielsweise in einer Pressemitteilung angekündigt wird, beziehen sich natürlich auch die W-Fragen auf die Zukunft.

Auch ihre Reihenfolge ist nicht zwingend vorgeschrieben. So ist es manchmal wichtiger, den Vorfall in den Vordergrund zu stellen, ein anderes Mal hingegen, wer daran beteiligt war.

Zu guter Letzt gibt es natürlich auch noch Ausnahmen. So müssen in einem Kommentar oder Interview nicht zwangsläufig alle W-Fragen beantwortet werden, weil der Leser bei diesen Textsorten nicht so umfassend informiert werden muss wie beispielsweise bei einem Magazinartikel. Stattdessen stehen hier oft die persönlichen Meinungen und Ansichten des Kommentators oder des Interviewpartners im Vordergrund.

Als studierte Journalistin und langjährige Online-Redakteurin ist mir schon lange bewusst, dass die meisten Medien eines garantiert nicht sind: objektiv. Doch besonders in der aktuellen Zeit finde ich es extrem, wie sehr Meinung gemacht wird – und zwar sowohl in die eine als auch in die andere Richtung.

Um dich ein bisschen für dieses Thema zu sensibilisieren, möchte ich dich gern mit dem Pressekodex (eigentlich Publizistische Grundsätze) vertraut machen. Dabei handelt es sich um eine Sammlung journalistisch-ethischer Grundregeln, die der Deutsche Presserat 1973 vorgelegt hat.

Der Pressekodex des deutschen Presserates gilt als Leitbild für Journalisten. Er sollte aber– zumindest in einem gewissen Maße – ebenso für SEO-Texter, Pressesprecher oder Blogger gelten. Sprich: für alle, die Inhalte erstellen, die anderen als Informationsquelle dienen. Denn du als Content-Ersteller hast auch die Verantwortung für deine Inhalte.

Zwei der obersten Gebote der Presse sind laut Pressekodex die Achtung vor der Wahrheit und die wahrhaftige Unterrichtung der Öffentlichkeit. Daher solltest auch du dafür sorgen, dass deine Texte stets der Wahrheit entsprechen.

Veröffentlichte Nachrichten oder Behauptungen, insbesondere personenbezogener Art, die sich nachträglich als falsch erweisen, solltest du außerdem unverzüglich richtigstellen.

Ebenfalls im Pressekodex geregelt ist das Thema Sorgfalt, insbesondere in Bezug auf die Recherche. Hier heißt es:

„Recherche ist unverzichtbares Instrument journalistischer Sorgfalt. Zur Veröffentlichung bestimmter Informationen in Wort, Bild und Grafik sind der nach den Umständen gebotenen Sorgfalt auf ihren Wahrheitsgehalt zu prüfen und wahrheitsgetreu wiederzugeben. Ihr Sinn darf durch Bearbeitung, Überschrift oder Bildbeschriftung weder entstellt noch verfälscht werden.

Unbestätigte Meldungen, Gerüchte und Vermutungen sind als solche erkennbar zu machen. Symbolfotos müssen als solche kenntlich sein oder erkennbar gemacht werden.“ Bei der Beschaffung von personenbezogenen Daten, Nachrichten, Informationsmaterial und Bildern dürfen außerdem keine unlauteren Methoden angewandt werden.

Auch wenn du „nur“ Texter bist: Habe den Anspruch an dich selbst, gründlich zu recherchieren. Eine gründliche Recherche ist unerlässlich für gute Texte. Insbesondere wenn du Texte über Themen schreibst, in denen du dich (noch) nicht gut auskennst, solltest du dir viel Zeit für eine intensive und fundierte Recherche nehmen.

Eine Quelle sollte bei ihrer ersten Erwähnung im Text und so früh wie möglich vollständig genannt werden. Doch wie kann das aussehen? Hier ein paar Empfehlungen des Deutschen Presserats.

Onlinequellen: Name der Webseite/des Mediums: Artikel-Headline mit Link.

Beispiel: Web.de: Kann man grüne Bananen essen oder sind die giftig? (https://web.de/magazine/ratgeber/essen-trinken/gruene-bananen-essen-giftig-34341632)

Bei Twitter, Facebook etc.: Twitter-Account von xyz (verlinkt).

Beispiel: Twitter-Account von Til Schweiger (https://twitter.com/tilschweiger)

Printquellen: Name des Mediums (Erscheinungsdatum oder Ausgabe): Artikel-Headline.

Beispiel: Die Zeit (Ausgabe 31/2021): Auf die Katz gekommen

TV-Sendungen: Name des Senders: Name der Sendung, Sendungsdatum, ggf. verlinkt.

Beispiel: Arte.tv: Aus den Höhlen in den Kosmos vom 14.08.2021 (https://www.arte.tv/de/videos/084676-001-A/native-america/)

Pressemitteilungen: Pressemitteilung Absender: Headline (Datum).

Beispiel: Pressemitteilung TravelTrex GmbH: Europaweite Umfrage: Ischgl auch 2016 wieder Top of Après-Ski (16.02.2016)

Persönliche Anfragen (per E-Mail oder Telefon): Name und Funktion der Kontaktperson (nur, wenn die Person auch im Text genannt wird; ansonsten auf den Namen der Kontaktperson verzichten), Name der angefragten Organisation.

Beispiel: Martin Müller, Unternehmenssprecher Müller GmbH

Agenturmaterial: Name der Agentur

Beispiel: dpa

Bei kompletten Interviews oder Quellen, die Quellenschutz benötigen, werden diese nicht (zusätzlich) angegeben. Werden Quellen aus dem Netz zitiert, die verlinkt werden sollen, wird der entsprechende Link im Text vermerkt.

Im alltäglichen Redaktionsalltag hat es sich bei der Erstellung von Online-Texten inzwischen allerdings durchgesetzt, dass lediglich die Namen der Quellen im Text (mit oder ohne Verlinkung) genannt werden. Beispiele: laut Fokus Online, der FAZ zufolge, nach Angaben des Zukunftsinstituts.

Schreibempfehlungen

Die folgenden Schreibempfehlungen sollen dir dabei helfen, für deine Texte einen einheitlichen Standard zu definieren. Sie beruhen auf meinen langjährigen Erfahrungen in verschiedenen Marketingabteilungen und Redaktionen sowie auf den Empfehlungen des Dudens und DIN-Normen.

Sie sind jedoch keine allgemeingültigen Schreibregeln. Das heißt, es ist durchaus möglich, dass in deinem Unternehmen oder bei deinem Auftraggeber andere Schreibweisen an der Tagesordnung sind. Der Übersichtlichkeit halber ordne ich die Schreibempfehlungen in verschiedene Kategorien ein.

Zahlen und Daten

Zahlen von 1 bis 12: Es herrscht häufig Verwirrung darüber, ob man Zahlen bis zwölf nun als Ziffern oder in Buchstaben schreiben muss. Ich habe es während meines Journalismus-Studiums noch so gelernt, dass die Zahlen von 1 bis 12 in Buchstaben und die Zahlen ab 13 in Ziffern zu schreiben sind. Das war auf eine früher gültige Buchdruckregel zurückzuführen. Laut Duden gilt diese Regelung heute jedoch nicht mehr.

Allerdings gibt es einige Gepflogenheiten, an die du dich als Texter halten solltest. So werden Zahlen von 1 bis 12 überwiegend dann in Ziffern geschrieben, wenn sie zusammen mit dem dazugehörigen Substantiv die Aufmerksamkeit auf sich ziehen sollen. Das kann zum Beispiel in Statistiken oder wissenschaftlichen Texten der Fall sein.

Auch vor Zeichen, Abkürzungen von Maßen, Gewichten und Geldsorten usw. schreibt man Zahlen üblicherweise in Ziffern, zum Beispiel 3 Euro, 7 km oder 6,3 kg.

Wird bei einem Wort statt der Abkürzung die entsprechende Vollform genutzt, kannst du eine Zahl sowohl in Ziffern als auch in Buchstaben schreiben, beispielsweise 5 Kilogramm/fünf Kilogramm beziehungsweise drei Euro/drei Euro.

In erzählenden Textsorten (Roman, Brief etc.) können Zahlen von 13 an – sofern sie übersichtlich sind – auch ausgeschrieben werden. Hier ein Beispiel: Er lebte zwanzig Jahre in Polen. Herzlichen Glückwunsch zu Ihrem neunzigsten Geburtstag!

Ansonsten werden nur ein- und zweisilbige Zahlwörter ausgeschrieben: Mehrere hundert Menschen haben sich bereits für den Marathon registriert. Sie hat vierzehn Vasen. Haben Sie tausend Dank!

Tausender-Einheiten: Auch für Tausender-Einheiten gibt es keine allgemeingültige Regel. Es empfiehlt sich jedoch die Schreibweise mit einem Punkt, also: 1.000 oder 12.225, nicht 1000 oder 145672.

Ganze Zahlen mit 5 oder mehr Ziffern können von der Endziffer aus auch durch Zwischenräume in dreistellige Gruppen gegliedert werden (3 000 000 Euro, 125 349 Einwohner). Ausnahme: Postleitzahlen werden im Allgemeinen nicht gegliedert, zum Beispiel 50667 Köln.

Bei Zahlen, die eine Nummer darstellen, sind auch andere Gruppierungen als die Dreiergliederung üblich. Das gilt beispielswiese für Telefon-, ISBN oder IBAN-Nummern.

Schreibst du die Zahlenangaben hundert und tausend nicht in Ziffern, vor allem wenn diese als Mengensubstantive gesehen werden, ist eine Groß- oder Kleinschreibung möglich. Der Duden empfiehlt jedoch die Großschreibung.

Hier ein Beispiel: Einige Tausend/tausend Demonstranten versammelten sich am Sonntag in Münster. Aber Achtung: Substantivierte Zahlwörter werden ausschließlich großgeschrieben, zum Beispiel: Das dritte Tausend dieser Großbestellung kam nie an.

Zum Stichwort Getrennt- oder Zusammenschreibung: Getrennt schreibst du nach unbestimmten Zahlwörtern, beispielsweise mehrere Hundert/hundert Menschen feierten ausgelassen in der Silvesternacht. Die mit bestimmten Zahlwörtern gebildeten Grund- und Ordnungszahlen schreibt man hingegen zusammen: Beim Kassensturz fehlten Hundert[und]zwanzig Euro.

Datumsangabe: Das Datum kannst du ebenfalls auf unterschiedliche Weise schreiben. Zwar sind in der DIN-Norm 5008 verschiedene Schreib- und Gestaltungsregeln für die Datumsangabe definiert, es handelt sich jedoch nur um Empfehlungen.

Du musst dich nicht zwingend daran halten, sondern kannst es an das Format deines Textes anpassen. In einem Anschreiben oder einem Pressetext ist möglicherweise ein anderes Datumsformat angebracht als in Fließtexten.

Die Überarbeitung der DIN 5008 empfiehlt die Verwendung der Datumsschreibweise Jahr-Monat-Tag, also 2021-08-10 für den 10. August

2021. Für viele deiner Leser kann dieses Format allerdings missverständlich sein, wenn sie annehmen, es handele sich um den 8. Oktober 2021.

Ich rate daher davon ab, das Datum so zu schreiben. In Fließtexten kann diese Datumsschreibweise zudem den Lesefluss beeinträchtigen und für Verwirrung sorgen.

Laut DIN 5008 ist darüber hinaus die Schreibweise mit vorangestellten Nullstellen erlaubt. Bei diesem Datumsformat werden Tag, Monat und Jahreszahl in Ziffern angegeben; dazwischen stehen Punkte. Beispiel: 10.08.2021. Auch diese Variante kann den Lesefluss zum Stocken bringen. Lesbarer sind Datumsangaben ohne führende Nullstellen, also 10.8.2021.

Ausgeschriebene Monatsnamen (10. August 2021) sind für Fließtexte optimal. Nach DIN 5008 ist diese Variante jedoch lediglich hier erlaubt. Das ist allerdings – wie bereits oben erwähnt – keine allgemeingültige Regel. Du kannst dich also für diese Schreibweise auch bei der Datumsangabe in einem Newsletter oder Geschäftsbrief entscheiden.

Schließlich gibt es noch die Möglichkeit, Monatsnamen abzukürzen, zum Beispiel 10. Aug. 2021. Für eine bessere Lesbarkeit solltest du Monate in Fließtexten jedoch lieber ausschreiben. Richtig abgekürzt wird übrigens so: Jan., Feb., Mär., Apr., Mai, Jun., Jul., Aug., Sept., Okt., Nov., Dez.

Jahreszahlen: Idealerweise schreibst du in deinen Texten 1960er-Jahre und nicht 60-er Jahre oder 60er Jahre. Als ausgeschriebene Zahlwörter werden Jahreszahlen zudem kleingeschrieben, zum Beispiel siebzehnhundertneunzig. Willst du eine Jahreszahl dennoch verkürzen, wird sie ohne Apostroph geschrieben: Anfang 98.

Anders als im Englischen üblich, wird im Deutschen nicht die Präposition „in" vor einer Jahreszahl verwendet. Stattdessen wird sie entweder ohne Präposition oder mit der Ergänzung „im Jahre" geschrieben: Die Firma wurde (im Jahre) 1995 gegründet. Er hat seine Frau (im Jahre) 2018 geheiratet.

Uhrzeiten: Willst du dich nach den DIN-Regeln richten, gib sowohl die Stunden als auch die Minuten mit jeweils zwei Ziffern an und trenne diese mit einem Doppelpunkt, also 10:45 Uhr und nicht 10.45 oder 1045 Uhr. Sollen nur die Stunden angegeben werden, reicht auch eine Ziffer, zum Beispiel 6 Uhr.

Zudem sind noch weitere Varianten möglich. So lässt sich die Uhrzeit auch mit nur einer Ziffer bei der Stundenangabe schreiben (6:05 Uhr). Der Doppelpunkt kann auch durch einen Punkt ersetzt werden: 6.05 Uhr. Alternativ kannst du die Minutenangaben auch ohne Punkte oder Doppelpunkte hochstellen: 6^{05} Uhr.

Wichtig: Am Ende steht immer das Wort „Uhr" und nicht die Abkürzungen h für Stunde und m beziehungsweise min für Minute. Denn mit diesen Einheiten wird üblicherweise eine Zeitdauer und keine Uhrzeit angegeben.

Abkürzungen

Abkürzungen von Organisationen oder Verbänden werden nicht durchgehend in Versalien geschrieben, sofern die Abkürzung den Charakter eines Kurzworts hat, zum Beispiel Fifa, Unicef oder Nasa.

Erklärungsbedürftige Begriffe sollten bei ihrer ersten Nennung komplett ausgeschrieben und die Abkürzung in Klammern direkt dahinter gesetzt werden, beispielsweise Verband der Deutschen Möbelindustrie (VDM).

Wohingegen Begriffe wie KFZ oder UFO allgemein bekannt sind und keiner Erklärung bedürfen. Gleiches gilt, wenn die entsprechenden Abkürzungen ein fester Bestandteil der deutschen Sprache sind, etwa USA, SPD oder UNO.

Zitieren und Wiedergeben

Wenn du dich in deinen Texten auf Publikationen wie die „Süddeutsche Zeitung“ oder „Spiegel Online“ berufst, schreib diese Quellen am besten in Anführungszeichen, Fernsehsender wie ZDF oder ARD hingegen nicht.

Zitierst du von einer Nachrichtenwebseite wie Tagesschau.de, die zu keiner Zeitung gehört, gib diese Website wie eine Internetquelle an. Du kannst dich auf diese Quellen mit den folgenden Formulierungen beziehen: laut, nach Angaben von, zufolge.

Zitierst du Personen, kannst du als Stilmittel die direkte Rede verwenden. Die Aussagen werden dann in Anführungszeichen gesetzt. Beispiel: „Wir könnten die Umsätze im Jahr 2020 deutlich steigern“, so Max Mustermann, Leiter der Abteilung XX bei [Name des Unternehmens].

Wenn du nicht direkt zitierst, musst du die Aussagen im Konjunktiv wiedergeben, beispielsweise: Man habe die Umsätze durch folgende Maßnahmen steigern können, heißt es aus Unternehmenskreisen.

Namen von Personen

Personen solltest du bei der ersten Nennung in einem Text mit Titel, Vornamen und Namen nennen. Wenn es für den Inhalt des Artikels eine Rolle spielt, muss auch die berufliche Funktion der Person angegeben werden sowie der Name des Unternehmens, in dem sie tätig ist. Beispiel: Dr. Christine Schulte, Direktorin bei Gesundleben GmbH.

Bei wiederholter Nennung reicht das Schreiben des Nachnamens aus, zum Beispiel: Schulte setzt sich dafür ein, dass die Mitarbeiter des Unternehmens eine gute Work-Life-Balance haben.

Wichtig: Die Anreden „Frau“ und „Herr“ werden in redaktionellen Texten nicht genutzt. Falsch: Frau Schulte. Richtig: Christine Schulte.

Beliebte Fehler

Du weißt nun, wie du es richtig machst. Dann möchte ich dir auch nicht vorenthalten, welche typischen Fehler bei der Texterstellung auftreten können. Die gängigsten nenne ich dir im Folgenden.

Überflüssige Wörter

Ein bekannter Fehler sind überflüssige Wörter in Texten, auch Füllwörter, Worthülsen oder Weichmacher genannt. Dazu zählen unter anderem Ausdrücke wie irgendwie, eigentlich, natürlich, etwa, ganz, recht oder wirklich.

In der gesprochenen Sprache sind solche Füllwörter tolerierbar und machen Sinn, da sie persönliche Tendenzen oder Neigungen anzeigen. In Web-Texten haben sie jedoch nichts zu suchen, denn sie nehmen die Spannung aus einem Beitrag heraus und blähen den Inhalt unnötig auf.

Durch Füllwörter ist ein Text unter Umständen auch schwerer zu lesen. Daher solltest du Füllwörter aus deinen Texten idealerweise streichen – nicht alle, aber möglichst viele.

Fremdwörter, Fachbegriffe, Anglizismen

Setze Fremdwörter spärlich ein, denn ein Text sollte idealweise in einer verständlichen Sprache verfasst werden, die möglichst alle Leser anspricht. Fremdwörter dürfen verwendet werden, sofern sie in der Alltagssprache angekommen sind, beispielsweise „Smartphone“ oder „Tablet“.

Lässt sich die Verwendung von Fremdwörtern nicht vermeiden, erkläre ihre Bedeutung in einem kurzen Nebensatz oder in Klammern. Gleiches gilt für Anglizismen.

Ob ein Wort ein Fachbegriff ist oder nicht, hängt von der jeweiligen Zielgruppe ab, an die ein Text adressiert ist. Eine Toxoplasmose muss unter Medizinern sicherlich nicht erklärt werden, unter Laien jedoch schon. Daher muss eine genaue Erläuterung jeweils im Einzelfall entschieden werden.

Keine Wort-Wechsel

Ein Text wirkt lebendiger, wenn du für ein wiederholt im Text erwähntes Wort auch andere Begriffe nutzt, sogenannte Synonyme. Laut Wikipedia sind Synonyme sprachliche oder lexikalische Ausdrücke und Zeichen, die den gleichen oder einen sehr ähnlichen Bedeutungsumfang haben. Statt eines Medikaments können Ärzte also auch eine Pille, Medizin oder eine Tablette verschreiben.

Synonyme sind auch dann für einen Texter interessant, wenn er damit zwar nicht die Bedeutung einer Aussage verändern, Dinge jedoch treffender beschreiben will. Ein Beispiel: „Paul geht zum Arzt“ vs. „Paul humpelt zum Arzt“. Welche Bilder hast du als Leser im Kopf?

Doch Vorsicht: Zu viele Synonyme können deine Leser verwirren. Auch hier gilt wieder, die Zielgruppe im Kopf zu haben, an die sich dein Text richtet.

Wortschlangen

Wortschlangen nennt man Begriffe, die sich aus mehreren Wörtern zusammensetzen. Eigentlich wird die Bezeichnung eher in der Pädagogik genutzt. Kinder werden spielerisch dazu angeleitet, aus zwei kurzen

Hauptwörtern ein neues langes Hauptwort zu bilden. Eis und Bein ergibt zum Beispiel Eisbein.

Das Spiel mit Wortschlangen wird auch als Gedächtnistraining für Senioren und Demenzkranken eingesetzt. In Texten sind Wortschlangen jedoch schwer lesbar und sollten vermieden werden. Ist das nicht möglich, können die einzelnen Wörter durch einen Bindestrich getrennt werden – das liest sich gleich viel besser.

Schachtelsätze

Willst du deine Leser gern verwirren? Dann verwende Satzkonstruktionen, die aus möglichst vielen Nebensätzen bestehen. Das meine ich natürlich nicht ernst, ganz im Gegenteil.

Verwende keine Schachtelsätze in deinen Texten. Solltest du dennoch einen entdecken, dann pflücke ihn Stück für Stück auseinander und mache mehrere einzelne Sätze daraus. Dabei zeigt dir jedes Komma, jeder Gedankenstrich und jede Klammer eine Stelle, an der du die Verkürzung ansetzen kannst.

Grundsätzlich gilt: Formuliere Hauptsätze mit maximal 15 Wörtern und bringe darin nur einen Gedanken oder ein Argument unter. Jedem dritten Hauptsatz darfst du – laut dem deutschen Journalisten und Sachbuchautor Wolf Schneider – ohne Verständlichkeitsverlust einen Nebensatz anhängen.

Seltener darfst du den Nebensatz voranstellen, kaum bis nie sollte dieser in den Hauptsatz eingeschoben werden. Faustregel: Wichtiges kommt in den Hauptsatz, Untergeordnetes folgt im Nebensatz.

Keine Satzart-Wechsel

Immer dieselbe Satzart zu verwenden, langweilt auf Dauer deinen Leser. Erst eine wohldosierte Abwechslung macht einen Text lebendig und damit lesenswert.

Wechsle also zwischen kurzen Hauptsätzen und Hauptsätzen mit Nebensätzen. Streue zwischendurch Zitate und direkte Rede in deinen Beitrag ein. Das gibt einem Text die richtige Würze. Nach der Liste harter Zahlen folgt idealerweise eine Schilderung von Ereignissen.

„ung"-Wörter

Verzichte nach Möglichkeit auf Substantive mit den Endungen „...ung", „...heit" und „...keit". Solche Wörter werden vom Leser in der Regel negativ bewertet. Nutze stattdessen lieber aktive Verben, die deine Texte lebendiger machen.

Bei der Verwendung von Aktiv und Passiv kann die folgende Eselsbrücke helfen. Das Aktiv wird im Deutschen verwendet, um den „Handelnden" in den Vordergrund zu stellen. Es ist wichtig, *wer* etwas tut. Beim Passiv steht hingegen die Handlung selbst im Fokus. Es ist wichtig, *was* getan wird.

Das Letzte

Bei zeitlichen Angaben sind Formulierungen wie „letztes Jahr" nicht korrekt. Sprachlich richtig handelt es sich um das „vergangene Jahr". Auch im folgenden Fall ist der Terminus „das letzte" falsch. Das Konzert war bis auf den letzten Platz ausgebucht? Schade, dass ein Sitzplatz frei geblieben ist. Oder meintest du vielleicht: Das Konzert war ausverkauft?

Grundsätzlich solltest du immer nach positiven Formulierungen suchen. Untersuchungen zeigen, dass 48 Prozent der Leser mehr Zeit brauchen, um einen verneinenden Satz zu verstehen. Denn ein „Nein" im Satz verwirrt das Gehirn.

Zu dieser Erkenntnis kommen auch Psychologen der Tufts University, die durch Gehirnstrommessungen untersucht haben, wie Leser verneinte Aussagen verarbeiten. Die Wissenschaftler setzten ihren Testpersonen Elektroden auf die Kopfhaut und ließen sie verschiedene verneinte Sätze lesen. Darunter waren Aussagen, denen die Leser zustimmen konnten. Anderen Sätzen verlieh das Wort „nicht" einen Sinn, der der Auffassung der Leser widersprach.

Dabei fanden die Forscher heraus: Das Gehirn arbeitet bei falschen Verneinungen bis zu 400 Millisekunden viel länger. Während dieser Zeit versucht es, der Aussage einen Sinn zu verleihen, und ruft dabei sein bisheriges Wissen ab. Kann er die neue Information nicht einordnen, braucht das Gehirn länger, bis es den Satz als unsinnig einstuft.

Aus diesem Grund sind doppelte Verneinungen schwer zu verstehen. Aber auch generell erschweren Verneinungen das Verständnis von Texten. Wenn du also schreibst, dass etwas „nicht schadet", kann das deinen Leser verwirren. Streiche Formulierungen wie kein, nicht, nie, ohne sowie verneinende Vorsilben besser aus deinen Artikeln. Statt „es schadet nicht, Gemüse zu essen" schreibe lieber „Gemüse ist gesund".

Passiv statt Aktiv

Auch das Passiv schleicht sich schnell in Texte ein. Doch was ist daran eigentlich so schlimm? Das ist einfach erklärt: Beim Aktiv steht die Person oder die Sache einer Handlung im Vordergrund, beim Passiv hingegen das Objekt. Hier sind handelnde Personen oder Dinge unwichtig und werden mitunter gar nicht erwähnt.

Darüber hinaus wirkt die passive Sprache auf deinen Leser distanziert, während aktive Verben ihn unmittelbar am Geschehen teilhaben lassen. Im Aktiv geschriebene Texte sind zudem kürzer und verständlicher geschrieben. Passiv-Sätze erkennst du an den Hilfsverben „werden" oder „sein".

Passiv: „Die Rechnung ist bis zum 5. März 2021 zu bezahlen."
Aktiv: „Bitte bezahlen Sie die Rechnung bis 5. März 2021."

Substantivierung und Nominalstil

Auch durch Substantivierungen läufst du Gefahr, Passivkonstruktionen zu kreieren. Nutze stattdessen lieber Verben, wo immer es möglich ist. Sie machen einen Text lebendiger und interessanter. Durch sie ist die Aussagekraft eines Satzes außerdem viel stärker und die Botschaft kommt beim Leser besser an.

Die Verwendung von Substantivierungen ist in amtlichen, wissenschaftlichen und fachsprachlichen Texten sehr beliebt. Man spricht auch vom Nominalstil (Hauptwortbildung).

Verfasst du einen Satz im Nominalstil, wird ein Verb durch ein verwandtes Nomen ersetzt. Im Hauptsatz nimmt dieses Nomen dann den Platz des

Subjekts ein und verleiht dem Satz einen unpersönlichen Charakter. Anders ist das beim Verbalstil: Hier werden Sachverhalte und Vorgänge mithilfe von Verben ausgedrückt.

Schlecht: Die Impfung der jungen Frau fand am Dienstag statt.
Besser: Der Arzt impfte die junge Frau am Dienstag.

Marketing-Floskeln

Marketing-Floskeln bieten deinem Leser keinen Mehrwert. Erspare ihm nichtssagende Textpassagen, Klischees, Superlative und abgedroschene Redewendungen à la „Der Kunde ist König" oder „Tausende zufriedene Kunden können nicht irren."

Bleibe stattdessen lieber authentisch. Versetze dich in deinen Leser und schreibe darüber, was ihn wirklich interessiert. Sei konkret in deinen Beschreibungen und präsentiere echte Vorteile.

Also statt: „Bei uns ist der Kunde König" lieber „Wir bieten unseren Kunden eine einladende Atmosphäre mit gemütlichen Sitzgelegenheiten und ein kostenloses Willkommensgetränk."

Suchmaschinenoptimierung (SEO)

Als Texter schreibst du Inhalte für Menschen, nicht für Maschinen. Nichtsdestotrotz solltest du die Klaviatur des SEO-Textens beherrschen. Dabei handelt es sich um Texte, die so optimiert sind, dass Google und Co. sie als relevant einstufen.

Dies hat zur Folge, dass sie in den Suchergebnissen an einer prominenteren Stelle erscheinen als andere, im Idealfall im oberen Bereich der ersten Seite. Doch warum ist das so wichtig?

Statistiken von Renderforest.com zeigen, dass Google mit mehr als sechs Milliarden täglichen Suchanfragen die beliebteste Suchmaschine der Welt ist. In konkreten Zahlen bedeutet das: 95,65 Prozent der weltweiten mobilen Suchanfragen werden über den US-Suchmaschinenriesen getätigt. Der Anteil der weltweiten Desktop-/Laptop-Anfragen über Google liegt bei 87,35 Prozent.

Auch das Klickverhalten der Nutzer wurde untersucht. Man fand heraus, dass 75,1 Prozent aller Klicks auf die ersten drei Suchergebnisse entfallen. Das heißt, nur 25,9 Prozent aller Nutzer machen sich die Mühe, auf die Folgeergebnisse zu klicken, obwohl sie dort unter Umständen eine bessere Lösung für ihr Problem finden würden.

Lediglich 0,78 Prozent interessieren sich für die Suchergebnisse der zweiten Seite. Ähnlich sieht das Suchverhalten auf regionaler Ebene aus: 92 Prozent der Suchenden wählen Unternehmen auf der ersten Seite der lokalen Suchergebnisse aus.

Damit ein Text also nicht in den unendlichen Weiten des Internets verloren geht, muss er suchmaschinenoptimiert werden. Inhalte müssen dafür bestimmte Kriterien erfüllen. Diese drehen sich unter anderem um das verwendete Keyword, also den Suchbegriff eines potenziellen Lesers. Das kann ein einzelnes Wort oder eine Wortzusammensetzung sein. Beim Letzteren spricht man von Longtail-Keywords.

Dabei ist ein Longtail-Keyword oft deutlich effektiver als ein einzelnes Keyword, beispielsweise „bio-zertifizierte Nahrungsergänzungsmittel“ statt „Nahrungsergänzungsmittel“. Das liegt daran, dass Longtail-Keywords in der Regel ein geringeres Suchvolumen haben, damit aber die Suchintention des Nutzers besser treffen.

Konkret bedeutet das: Longtail-Keywords sind spezifischer und werden eher von Besuchern verwendet, die kurz vor einem Kauf stehen oder die Sprachsuche nutzen. Dadurch haben sie oft eine höhere Conversion. Eine Conversion bezeichnet im Onlinemarketing einen Vorgang, bei dem der Empfänger einer Marketing-Botschaft eine gewünschte Aktion ausführt, etwa den Download einer Broschüre. Du kannst Texte auf ein Haupt-Keyword optimieren und gleichzeitig für weitere Wörter und Wortgruppen ranken.

Bei der Optimierung spielen viele weitere Faktoren eine Rolle, etwa das Suchvolumen eines Keywords, der Search Intent (Suchintention) und die Beschaffenheit einer Website. Nach welchen Kriterien die Keyword-Auswahl erfolgt, entscheidet in der Regel jedoch nicht der Texter selbst. Er muss nur wissen, wie man Web-Inhalte für Suchmaschinen optimiert.

Im Folgenden gehe ich auf die Optimierung von Web-Texten nach SEO-Kriterien ein.

Textlänge

Früher wurden für Blogbeiträge und andere Web-Inhalte oft Textlängen von mehr als 1.000 Wörtern empfohlen. Das ist inzwischen nicht mehr der Fall. John Müller, Senior Webmaster Trends Analyst bei Google, bestätigte im Mai 2019 auf Reddit, dass die Wortanzahl kein Kriterium für die Indexierung sei („word count isn't a criteria for indexing").

Er bezog sich dabei auf die Frage eines Webmasters, der sich wunderte, warum seine Beiträge nach drei Wochen nicht indexiert waren, obwohl diese mit 3.000 bis 4.000 Wörtern sehr umfangreichen Content boten.

Entscheidend für die Indexierung ist inzwischen vielmehr die Qualität eines Textes. Wichtig ist dabei, dass dem Leser alle Antworten auf seine Suchanfrage geboten werden. Dabei muss es sich nicht zwingend um umfangreiche Informationen handeln. Manchmal reicht auch eine kompakte Auskunft.

Keyworddichte

Die Keyworddichte sagt aus, wie viel Prozent des gesamten Web-Textes ein bestimmtes Keyword ausmachen sollte. Die optimale Keyworddichte liegt zwischen einem und vier Prozent. Dabei kommt es allerdings auf die Länge des Textes an.

In einem Text von 100 Wörtern sollte das Keyword also ein- bis viermal enthalten sein. Wenn ein Artikel jedoch 1.000 Wörter umfasst, wäre es übertrieben, das Keyword 40-mal zu erwähnen. Zu viele Wiederholungen des Suchbegriffs erwecken bei Google nämlich den Anschein, dass ein Text unnatürlich ist, beziehungsweise konstruiert wurde, um besser in den Suchmaschinenergebnissen zu ranken.

Dies kann zur Folge haben, dass ein Artikel als Spam eingestuft wird. Im schlimmsten Fall kann eine Website sogar abgestraft werden, wenn ein Unternehmen versucht, sich auf diese Weise ein besseres Suchmaschinenranking zu erschleichen.

Übrigens können Suchmaschinen inzwischen auch Synonyme und Wortstämme erkennen. Der Google-Algorithmus berücksichtigt beispielsweise auch Abwandlungen und verwandte Begriffe bei der Berechnung der Keyworddichte. Der Einsatz von Synonymen oder semantisch ähnlichen Begriffen sollte daher ein wesentlicher Bestandteil eines Textes sein. Nicht zuletzt, weil diese auch die Lesbarkeit eines Artikels verbessern können.

Idealerweise sind die Keywords über den gesamten Text verteilt. Sie sollten sich außerdem in der Überschrift und in den Zwischenüberschriften befinden. In der Überschrift stehen sie im Optimalfall am Anfang, im Teaser in den ersten Sätzen.

Meta-Title und Description

Manche Auftraggeber wünschen sich von einem Texter, dass er auch den Meta-Titel und die Meta-Beschreibung formuliert (Englisch: Meta Title und Meta Description). Dabei handelt es sich um die Art und Weise, wie ein Suchergebnis bei Google und Co. dargestellt wird. Es ist der erste Berührungspunkt des Lesers mit dem Text und sollte ihn dazu animieren, mehr über den Inhalt erfahren zu wollen.

Der Title sollte eine Länge zwischen 48 und 55 Zeichen haben; die optimale Beschreibung ist maximal 125 Zeichen lang. Je nach Endgerät können es auch weniger Zeichen sein. Ist die Beschreibung zu lang, kürzt Google sie automatisch mit drei Punkten am Wort- oder Satzende. Deswegen ist es für Texter ratsam, nicht die komplette zur Verfügung stehende Zeichenzahl zu nutzen. Tipp: Nutze als Hilfestellung einen Serp Snippet Generator, beispielsweise von Seobillity.

Diese Zeichenzahl gilt als Richtwert, seit Google seine Mobile-First-Strategie eingeführt hat. Diese sieht vor, dass für mobile Endgeräte optimierte Websites die höchste Priorität bei der Ausspielung in den Suchergebnissen haben. Das liegt daran, dass inzwischen immer mehr Nutzer mit dem Smartphone oder Tablet im Internet surfen anstatt an ihrem Computer.

Die Beschreibung kündigt an, was den Leser in einem Text oder auf einer Website erwartet. Das Keyword sollte auch hier an erster Stelle stehen. Außerdem solltest du am Ende einen Call-to-Action integrieren. Sowohl Meta-Titel als auch Meta-Beschreibung sollten das Keyword und Synonyme beinhalten.

Allerdings wird lediglich der Title fürs Ranking berücksichtigt, während die Meta-Description keine Relevanz für SEO hat, sondern eher für die Click-Through-Rate (CTR). Die CTR ist eine Kennzahl im Bereich des Onlinemarketings, welche die Anzahl der Klicks auf Werbebanner oder Sponsorenlinks im Verhältnis zu den gesamten Impressionen darstellt.

Sie misst die Effektivität von Werbekampagnen und ist besonders interessant, wenn per CPC-Modell (Cost-per-Click) abgerechnet wird. Für die Berechnung der CTR verwendet man eine einfache Formel mit den folgenden Kennzahlen:

Anzahl der Klicks / Anzahl der Seitenaufrufe x 100 = CRT in Prozent

Bei 1.000 angezeigten Bannern und 20 Klicks beträgt die CTR also zwei Prozent.

URL

Auch die URL eines Web-Textes sollte für Google optimiert werden. Eine SEO-freundliche URL enthält daher ebenfalls das Keyword. Die meisten Content-Management-Systeme haben als Standard die folgende oder eine ähnliche URL-Struktur definiert: http://deine-domain.de/2021/06/beitrag/

Wenn man also bereits die Überschrift für Suchmaschinen optimiert hat, wird der Titel automatisch als URL übernommen. In der Praxis hat es sich jedoch bewährt, die URL zu kürzen und den Suchbegriff an den Anfang zu stellen.

Alt-Texte bei Bildern

Aus SEO-Sicht ist es ebenfalls wichtig, im Content-Management-System Alt-Texte für Bilder zu vergeben. Ein Alt-Text beschreibt, was auf dem Bild zu sehen ist, zum Beispiel „Apothekerin verkauft Nahrungsergänzungsmittel" oder „übergewichtiger Mann joggt". Idealerweise kommt auch hier das Keyword vor.

Vor dem Hochladen sollte das Bild außerdem umbenannt werden. Optimal sind Kleinbuchstaben, keine Umlaute (ä wird zu ae etc.) und eine sinnvolle Bezeichnung, die das Keyword enthält und zum dazugehörigen Artikel passt.

Interne und externe Links

Ebenfalls gut für das Ranking eines Web-Textes ist die Verwendung von passenden Links. Als Texter solltest du dies bei der Erstellung eines Beitrags unbedingt berücksichtigen. Ideal ist ein Mix aus internen und externen Verlinkungen.

Wichtige Voraussetzung: Die verlinkten Seiten sind hochwertig und helfen den Lesern weiter. Alle Seiten sollten immer mit dem gewünschten Keyword verlinkt werden, denn der Linkkontext macht deutlich, wohin der verweisende Link führt. Die klassische Verlinkung besteht daher aus einem Wort oder einer Wortgruppe.

Beachte aber, dass externe Links nicht auf wichtige Keywords gesetzt werden sollten und schon gar nicht auf das Keyword, auf das der Text optimiert werden soll. Sonst gibst du den Link Juice (deutsch: Verknüpfungsstärke) nämlich an andere Websites ab. Das bedeutet, dass ein Link von deiner Website besser für das Ranking der verlinkten Seite ist.

Unique Content

Auch Unique Content (einzigartiger Inhalt) ist unverzichtbar für die Suchmaschinenoptimierung. Unter Unique Content versteht man Texte und andere Web-Inhalte, die auf keiner anderen Internetseite stehen.

Warum ist Unique Content so wichtig? Suchmaschinen wollen ihren Nutzern die besten und für sie relevantesten Inhalte zur Verfügung stellen. Denn einzigartige Inhalte stehen für Qualität und versprechen ein positives Nutzererlebnis.

Um dies zu gewährleisten, haben Google, Bing & Co. ihre Algorithmen in den letzten Jahren zunehmend verbessert. Dadurch sind die Anforderungen an einen guten Text stark gestiegen.

Suchmaschinen können mittlerweile zwischen guten und schlechten Inhalten unterscheiden. Und während sie schlechte Inhalte abstrafen, indem sie diese nicht oder nur weit hinten in den Suchergebnissen veröffentlichen, wird qualitativ hochwertiger Content positiv bewertet und führt zu einem besseren Ranking.

Das Gegenteil ist Duplicate Content, also Text, der bereits an anderer Stelle im Internet zu finden ist. Anders als Unique Content werden solche Plagiate von Suchmaschinen negativ bewertet.

Kopierst du einzelne Passagen oder ganze Seiten aus einer Originalquelle, droht im schlimmsten Fall sogar die Entfernung der Inhalte aus der Indexierung einer Suchmaschine. Das bedeutet, dass sie nicht mehr in den Suchergebnissen angezeigt werden.

Auch wer belanglosen Content auf einer Website veröffentlicht, riskiert eine Abstrafung durch Google und Co. In einem solchen Fall spricht man von Thin Content (dünner Inhalt) ohne Mehrwert für den Leser. Google nutzt zur Erkennung von Thin Content den sogenannten Gibberish Score (Schwafel-Skala), der von dem US-Unternehmen sogar als Patent angemeldet wurde.

Zusammenfassend lässt sich sagen: Prinzipiell ist es gut, den Anspruch zu haben, bei Google und Co. weit oben in den Suchergebnissen zu ranken. Allerdings wirst du es nicht schaffen, mit jedem Text in die Top 10 zu kommen. Das ist aber auch nicht weiter tragisch, denn mit einigen Keywords in den Top 100 zu sein, kann bereits die Sichtbarkeit beziehungsweise die Relevanz einer Website erhöhen.

Hilfreiche Tools

Auch das Korrekturlesen ist ein wesentlicher Bestandteil bei der Erstellung von Texten. Doch selbst bei erfahrenen Textern schleichen sich gelegentlich grammatikalische Fehler und sprachliche Unstimmigkeiten ein.

Dabei gibt es inzwischen zahlreiche kostenlose Tools, die Inhalte nach verschiedenen Kriterien analysieren und konkrete Hinweise liefern, wie ein Text ansprechender gestaltet werden kann. So lässt sich das Redigieren nicht nur vereinfachen, sondern auch beschleunigen.

Neben der Lesbarkeitsanalyse von Texten gibt es auch Tools mit Schwerpunkt auf Unique Content, eine gendergerechte Sprache und Suchmaschinenoptimierung.

Ich stelle dir hier vier Werkzeuge für eine schnelle und einfache Analyse von Texten vor. Sie helfen dir dabei, einen Überblick zu bekommen, ob

- ein Text verständlich und prägnant geschrieben ist,
- der Content einzigartig ist,
- der Text gendergerecht formuliert wurde und
- die richtige Keyword-Dichte vorhanden ist.

Wortliga-Textanalyse-Tool

Für eine einfache und schnelle Textanalyse eignet sich das kostenlose Wortliga-Textanalyse-Tool. Dieses prüft Inhalte auf Verständlichkeit, Prägnanz und Ästhetik. Als Maßstab ansprechender Texte nutzt das Tool die Grundlagen des Hamburger Verständlichkeitsmodells, auf das ich bereits am Anfang dieses Buches eingegangen bin.

Das Wortliga Textanalyse-Tool fragt die folgenden Kriterien ab: Lesbarkeit, Satzlänge, Passiv-Sätze, die Zeitform Perfekt, unpersönliche Sprache, Abkürzungen, Wortlänge, Füllwörter, Phrasen, Nominalstil, Modalverben und die korrekte Zahlenschreibweise.

Die Texte bewertet das Tool mithilfe eines Ampelsystems. Warnungen und Fehler werden im Content farbig markiert. Rot steht für Fehlermeldungen, Gelb für Warnungen und Grün für Erfolge.

Ein Hover-Effekt über die jeweilige Meldung zeigt dir die entsprechende Passage und die zu verbessernden Wörter. Es nennt dir auch Vorschläge, wie ein Text optimiert werden kann. Nach der Überarbeitung des Textes kannst du ihn in eine zweite Korrekturschleife schicken oder eine neue Textanalyse starten.

Zusätzlich misst das Wortliga Textanalyse-Tool auch die Keyworddichte eines Textes. Zu oft wiederholte Wörter markiert die Textanalyse in Rot und regt an, Synonyme zu verwenden.

Die Bedienung des Tools ist selbsterklärend. Zunächst trägst du das Haupt-Keyword in das entsprechende Feld ein. Anschließend fügst du deinen Text per Copy & Paste in das dafür vorgesehene Feld ein. Danach startest du die Analyse.

Für eine Überprüfung von bis zu 1.500 Zeichen steht dir das Wortliga Textanalyse-Tool kostenlos zur Verfügung. Es hilft dir dabei, Schwachstellen in Texten aufzudecken, über die deine Leser stolpern könnten, weil es ihnen schwerfällt, sie zu verstehen.

Als angehender Texter hilft dir das Tool auch dabei, die Regeln zu verinnerlichen, auf die es beim verständlichen und ansprechenden Schreiben ankommt.

Plagium

Wie in Kapitel zwölf erwähnt, möchte Google verhindern, dass Inhalte doppelt in den Suchergebnissen erscheinen. Für dich als Texter ist es daher wichtig, Duplicate Content zu vermeiden.

Um dies sicherzustellen, gibt es verschiedene Möglichkeiten. Eine davon ist, einzelne Sätze oder ganze Passagen direkt in die Google-Suche einzugeben. Wichtig: Die Textpassagen müssen in Anführungszeichen gesetzt werden, denn sonst erkennt Google sie nicht als zusammenhängende Inhalte. Erhältst du anschließend mehrere gleiche Suchergebnisse, solltet du deine Texte entsprechend überarbeiten.

Wesentlich einfacher als diese Methode ist die Überprüfung von Texten mit dem kostenlosen Tool Plagium. Dafür musst du deinen Text einfach in das entsprechende Feld eingeben und anschließend auf Schnellsuche klicken. Der Text darf maximal 1.000 Zeichen umfassen. Sind deine Texte länger, kannst du sie auch in mehrere Passagen aufteilen.

Möchtest du tiefer in die Suche einsteigen, werden Kosten fällig. Gleiches gilt, wenn du zu viele Suchanfragen startest. Plagium ist zwar nicht auf Deutsch verfügbar, sondern nur in den Sprachen Englisch, Französisch, Portugiesisch und Spanisch. Die Suche nach doppelten Inhalten funktioniert aber genauso gut für deutschsprachige Texte.

Wie bereits erwähnt, entscheiden sich immer mehr Unternehmen, Institute und Behörden dafür, ihre Unternehmenskommunikation geschlechtsneutral zu gestalten. Wer für solche Auftraggeber schreiben will, muss wissen, wie man Texte genderneutral formuliert.

Im siebten Kapitel habe ich bereits ein paar Tipps für gendergerechtes Schreiben gegeben. Jetzt geht es darum, die fertigen Texte entsprechend zu überprüfen. Hierfür eignet sich das Autokorrektur-Tool von Fairlanguage. Dieses ist als Webanwendung für alle Browser oder als Browser-Erweiterung für Chrome erhältlich.

In der Web-App kannst du deinen Text einfach in das Eingabefeld einfügen. Fairlanguage prüft ihn auf eine geschlechtergerechte Sprache. Hat das Tool ein Wort entdeckt, das nicht genderneutral ist, wird dieses farbig unterstrichen.

Klickst du anschließend auf das Wort, werden dir verschiedene Alternativen vorgeschlagen, beispielsweise mit Sternchen oder Unterstrich, sowie geschlechtsneutrale Formulierungen wie Lehrkräfte statt Lehrer.

Die Chrome-Erweiterung funktioniert ähnlich. Hast du die Browser-Extension installiert, erscheint in den Eingabefeldern vieler Websites ein kleines Fairlanguage-Logo. Mit einem Klick auf das Logo aktivierst du die Überprüfung des Inhaltes. Auch hier werden verbesserungswürdige Formulierungen unterstrichen und Alternativen angeboten.

Die Browser-Extension ist aktuell noch eine Beta-Version und funktioniert nicht auf allen Seiten. Außerdem können noch Fehler auftreten, der Wortschatz ist noch gering und wird ständig ergänzt.

Yoast SEO

Yoast SEO ist ein Plug-in, das die Suchmaschinenoptimierung vereinfacht. Es wurde 2007 auf den Markt gebracht und ist seitdem auf zahlreichen Websites im Einsatz. Zwar wurde Yoast SEO ursprünglich für WordPress entwickelt, ist inzwischen jedoch auch für andere Content-Management-Systeme verfügbar.

Es ist interessant für Texter, die neben der Erstellung von Web-Texten auch für das Einpflegen von Inhalten auf der Website eines Unternehmens verantwortlich sind, denn es bietet ihnen zahlreiche Möglichkeiten der Onpage-Optimierung direkt aus dem Backend heraus.

Neben der Editierung von Meta-Titeln und Beschreibungen für Homepage, Artikel-Typen und Taxonomien, bietet das Plug-in auch eine Lesbarkeitsanalyse. Verwendest du zu lange Sätze oder zu komplizierte Wörter? Dann weist Yoast dich in seiner Auswertung darauf hin.

Die SEO-Analyse hingegen basiert auf einem Fokus-Keyword, das du in das entsprechende Feld eingeben musst. Yoast SEO ermittelt dabei nicht nur die richtige Keyworddichte. Das Tool überprüft außerdem, ob ein Beitrag und der SEO-Titel eine gute Länge haben. Es erinnert dich zudem daran, Bilder mit Alt-Beschreibungen zu versehen und interne wie externe Links zu verwenden.

Die kostenlose Version erlaubt den Fokus auf ein Keyword. An seine Grenzen stößt Yoast SEO jedoch, wenn man das Fokus-Keyword im Text anders als vorgesehen schreibt, beispielsweise in einem anderen Kasus. Gleiches gilt auch, wenn man mehrere Wörter hintereinander als Fokus-Keyword benutzt und diese im Text nicht in derselben Reihenfolge schreibt.

Auch Yoast SEO nutzt ein Ampelsystem. Grüne Smileys bedeuten, dass ein Artikel oder eine Website für Suchmaschinen optimiert ist. Gelbe Smileys weisen darauf hin, dass es einige Probleme bei der SEO-Optimierung gibt. Rote Smileys raten dringend zu einer Überarbeitung.

Dabei ist es gut, zu wissen, dass die Ampel-Anzeige von Yoast nicht primär auf eine textliche Optimierung abzielt, sondern auf die Verbesserung der SEO-Aspekte.

Redaktionsplan

Zu guter Letzt möchte ich dir noch den Einsatz eines Redaktionsplans ans Herz legen – zumindest, wenn du regelmäßig eigenen Content veröffentlichst, etwa auf einem Blog oder deinen Social-Media-Kanälen.

Ziel und Aufbau

Warum? Ein Redaktionsplan ist so etwas wie ein Fahrplan für dein Content Marketing. Er hilft dir bei der Planung, Produktion, Veröffentlichung und Verbreitung deines Contents. Er bietet dir eine Struktur, an der du dich orientieren kannst. Er unterstützt dich zudem dabei, wichtige Themen nicht zu vergessen, zum Beispiel Feiertage oder saisonale Anlässe. Und schließlich fördert er deine Selbstdisziplin.

Jetzt weißt du, wofür du einen Redaktionsplan benötigst, doch wie sieht er eigentlich aus? Das ist ganz einfach erklärt. In der Regel handelt es sich dabei um eine Übersicht, die wie ein Kalender aufgebaut ist. Darin werden dann alle zu veröffentlichenden Beiträge eingetragen und terminiert.

Ein Redaktionsplan regelt außerdem, welche Medien verwendet werden (Bild, Video, Infografik, Link etc.), auf welchen Kanälen die diversen Inhalte veröffentlicht werden sollen, wer für die Erstellung, die Freigabe und das Publizieren der Beiträge verantwortlich ist und in welchem Bearbeitungsstatus sich der Content befindet. Darüber hinaus können noch zusätzliche Informationen ergänzt werden, wenn diese für deine Content-Planung hilfreich sind.

Wird ein Redaktionsplan in einem Unternehmen eingesetzt, kann er die Arbeit im Team erleichtern. Denn er regelt klar die Verantwortlichkeiten, dokumentiert den Stand der Bearbeitung und hilft bei der Ressourcenplanung. Dank eines Redaktionsplans werden zudem Fehlerquellen reduziert.

Wichtige Termine wie beispielsweise ein Produkt-Launch werden in der Unternehmenskommunikation dann nicht vergessen. Sollte ein Mitarbeiter krank werden, weiß seine Vertretung direkt den aktuellen Stand der Dinge. Eine Übergabe ist dadurch nicht mehr notwendig.

Ein weiterer Vorteil: Auf einen Redaktionsplan können auch verschiedene Abteilungen zugreifen. So weiß jeder Beteiligte, in welcher Phase sich eine Kampagne gerade befindet. Gleichzeitig regeln Deadlines und Verantwortlichkeiten, bis wann welche Inhalte geliefert werden müssen.

Hier noch einmal die möglichen Inhalte eines Redaktionsplans auf einen Blick:

- Geplantes Datum der Content-Veröffentlichung
- Thema der Publikation beziehungsweise Arbeitstitel
- Inhalt des Postings/Posting-Text
- Format (Blogartikel, Post, Podcast, ...)
- Verwendete Medien (Link, Bild, Video, ...)
- Verfasser und verantwortlicher Mitarbeiter
- Zielgruppe beziehungsweise Persona
- Kanal (Blog, Instagram, LinkedIn, ...)
- Ziel des Beitrags (Reichweite, Interaktion, ...)
- Keywords beziehungsweise Leitwörter zu der Kampagne
- Status (in Planung – in Arbeit – erledigt)
- Zusätzliches Feld für Kommentare

Wie du siehst, kann die Planung für deinen Content ganz schön umfangreich werden – muss sie aber nicht. Denn welche Punkte du in deinen Redaktionsplan aufnimmst, liegt natürlich ganz bei dir. Dafür musst du einfach im Vorfeld herausfinden, welche Kennzahlen dir wichtig sind – und welche nicht. Schließlich gilt: Ein Redaktionsplan soll dich bei deiner Arbeit unterstützen, nicht durch zu viel Bürokratie ausbremsen.

Themen finden

Doch wie findet man passende Themen für einen Redaktionsplan? Auch hier gibt es verschiedene Möglichkeiten, interessante Inhalte für die jeweilige Zielgruppe zu finden. Dazu zählen:

- saisonale Themen,
- regionale Anlässe,
- Events,
- Neuigkeiten,
- Umfragen und Marktforschung,
- Google Trends und
- Evergreen-Content.

Im Folgenden gehe ich etwas genauer auf die einzelnen Beispiele ein.

Saisonale Themen

Stell dir vor, du hast einen Blog über Wohnungsdekoration. Wie fänden es deine Leser wohl, wenn Sie an Weihnachten keine Beiträge über das Schmücken des Christbaums oder das Dekorieren mit Adventskränzen fänden. Vermutlich wäre es für sie etwas befremdlich.

So wie Weihnachten gibt es über das ganze Jahr verteilt bestimmte Anlässe, die deine Zielgruppe nur zu einem bestimmten Zeitpunkt interessiert. Oder hast du im Sommer schon mal nach „Weihnachtsdekoration" gegoogelt? Vermutlich nicht.

Zu den saisonalen Themen zählen neben den Klassikern Weihnachten, Ostern, Halloween, Mutter- und Vatertag auch kuriose Feiertage. Wenn diese thematisch in deine Content-Strategie passen, können sie ein perfekter Aufhänger sei, um deinen Lesern passenden Content zu präsentieren.

Für einen Bücherblog oder ein Unternehmen, das Bücher verkauft, bietet beispielsweise der „Kauf-ein-Buch-Tag" eine super Möglichkeit für eine Aktion. Beispiel: „Heute am ‚Kauf-ein-Buch-Tag' bieten wir 10 Prozent auf alle Bestellungen." Diesen und viele weitere kuriose Feiertage findest du auf www.kuriose-feiertage.de.

Darüber hinaus sind für einige Content-Ersteller die vier Jahreszeiten relevant. Warum? Bademoden und Gartenmöbel lassen sich beispielsweise gut im Sommer vermarkten, Winterjacken und Kuscheldecken bevorzugt im Winter.

Und schließlich dürfen in dieser Aufzählung nicht die internationalen Aktionstage fehlen, wie zum Beispiel der „Movember". Bei dieser Aktion lassen sich viele Männer Bärte wachsen, um auf das Thema Männergesundheit aufmerksam zu machen. Für einen Verkäufer von Friseurbedarf eine perfekte Gelegenheit, Bartpflegemittel und Barttrimmer an den Mann zu bringen.

Regionale Anlässe

Auch regionale Anlässe können für deine Content-Planung relevant sein, wenn sich deine Inhalte auf eine bestimmte Region oder ein bestimmtes Gebiet beziehen. Als regionaler Bauer, der seine Produkte verkauft, können die wöchentlich stattfindenden Bauernmärkte ein Thema sein, oder bestimmte Traditionen aus der Region, die nur hier üblich sind. Gleiches gilt für Geschäfte, Banken oder Versicherungen, sofern sie ihre bestehenden und potenziellen Kunden in der Region ansprechen wollen.

Events

Zu den Klassikern, die nicht in einem Redaktionsplan fehlen dürfen, zählen auch Events, wenn diese zum Thema deines Blogs oder der Branche deines Unternehmens passen. Für einen Möbelhersteller können dies zum Beispiel alle wichtigen nationalen und internationalen Möbelmessen sein. Viele Messetermine findest du unter www.messen.de. Aber auch eigene Veranstaltungen wie der Azubi-Tag oder ein Mitarbeiter-Event können berichtenswert sein.

Neuigkeiten

Neuigkeiten lassen sich zwar nicht lange im Voraus planen, aber sie dürfen in keiner Content-Strategie fehlen. Denn wenn du über News aus deiner Branche oder Nische schreibst, macht dich das indirekt zum Experten, der weiß, was gerade auf dem Markt passiert. Das Gute hierbei ist, dass du Neuigkeiten nicht zwangsläufig komplett neu schreiben musst.

Du kannst sie auf deinem Blog oder deiner Website kurz anteasern und dann auf die Originalquelle verlinken. Auf Social-Media-Plattformen wie Facebook,

LinkedIn und Instagram ist das sogar noch einfacher. Hier kannst du den Post von anderen einfach auf deinem Account teilen. Und das Beste: Darüber freut sich der Urheber sogar, denn er erzielt dadurch eine noch größere Reichweite. Es ist also für alle eine Win-Win-Situation.

Umfragen und Marktforschung

Willst du wissen, was deine Zielgruppe interessiert? Dann frage sie doch einfach. Mit Umfragen erhältst du beispielsweise direktes Feedback zu deinen Produkten oder denen deines Auftraggebers. Diese Rückmeldungen können dann wiederum in die Produktentwicklung fließen. Durch Umfragen kannst du außerdem herausfinden, welche Art von Content sich deine Zielgruppe wünscht.

Indem du deine Leser, Follower oder Fans mit in die Kommunikation einbindest, erhöhst du gleichzeitig die Interaktion auf deinen Kanälen. Du kannst dabei also nur gewinnen. Marktforschung hingegen ist etwas aufwändiger und unter Umständen mit Kosten verbunden. Allerdings sind Marktforschungsergebnisse in der Regel detaillierter.
Auch sie können dir oder deinem Auftraggeber dabei helfen, passenden Content für die Zielgruppe zu erstellen. Gleichzeitig kann man die Ergebnisse der Umfragen und Erhebungen wieder als Artikel oder Pressemitteilung verwerten und seinen Expertenstatus unterstreichen.

Google Trends

Mit Google Trends erfährst du, welche Themen im Internet gerade angesagt sind. Hier kannst du außerdem einen Suchbegriff oder ein bestimmtes Thema eingeben und erhältst dann eine Kurve mit dem Interesse der Nutzer für das entsprechende Schlagwort inklusive seinem Suchvolumen.

Die Ergebnisse lassen sich nach Ländern oder Regionen filtern, ebenso wie nach einem bestimmten Zeitraum oder verschiedenen Kategorien. Du kannst zudem zwei Suchbegriffe miteinander vergleichen. Im unteren Bereich der Ergebnisseite werden außerdem Vorschläge für verwandte Themen und Suchanfragen dargestellt.

Evergreen-Content

Zu guter Letzt darf auch der gute Evergreen-Content nicht fehlen. Dabei handelt es sich um Themen, die eigentlich immer gefragt sind. Zum Evergreen-Content gehören FAQs (Frequently Asked Questions), also Fragen, die sich deine Leser oder Kunden immer stellen. Diese kannst du einfach als Artikel oder auf einer Landingpage zusammenfassen.

How-to-Anleitungen geben deinen Lesern konkrete Hilfestellungen, indem du kleine Anleitungen verfasst, beispielsweise für Produkte. Infografiken fassen alle Informationen übersichtlich als Grafik zusammen und White Paper oder E-Books kann man seinen Kunden zum Herunterladen anbieten.

Darüber hinaus zählen noch Case Studies, Interviews, Checklisten sowie Tipps und Hacks zum Evergreen-Content. Für erklärungsbedürftige Begriffe kann man zudem ein Glossar anlegen. Das eignet sich besonders für Fachbereiche, die eine eigene Sprache verwenden, etwa in der Medizin und im juristischen Bereich.

Methoden und Tools

Es gibt zahlreiche Möglichkeiten, einen Redaktionsplan anzulegen. Ich stelle dir hier drei bewährte Methoden und Tools vor.

Excel-Datei

Die klassische Variante ist ein Redaktionskalender als Excel-Datei. Das ist die häufigste und vermutlich auch einfachste Methode. Das gute hierbei ist, dass du dir den Plan nicht selbst zusammenschustern musst. Es gibt nämlich zahlreiche Vorlagen im Netz, die du dir einfach herunterladen kannst.

Google Drive

Besonders bei der Arbeit im Team empfiehlt sich ein Cloud-Dienst wie Google Drive als Tool für einen Redaktionsplan. Google Drive hat den Vorteil, dass man hier mit mehreren Personen gleichzeitig an dem Dokument arbeiten kann. Auch für Remote Work ist Google Drive optimal, da man von überall darauf zugreifen kann.

Trello

Die dritte Option ist Trello. Dabei handelt es sich um ein Projektmanagement-Tool nach dem Kanban-Prinzip. Es ist kostenlos, übersichtlich und leicht zu nutzen. Mit Trello kannst du dir für jeden Kanal ein eigenes Board anlegen, beispielsweise für den eigenen Blog, Newsletter, Instagram und LinkedIn. Auf jedem Board lassen sich Listen und in diesen Listen wiederum Kärtchen mit Aufgaben erstellen. Man kann die Kärtchen mit Beschreibungen versehen, Bilder oder Dateien anhängen, sie Personen zuweisen und markieren. Auch Trello ermöglicht den Zugriff von jedem Ort aus.

So, nun bist du gerüstet für deinen Weg zu noch stärkerem Content. Ich hoffe, ich konnte dich mit meiner Erfahrung und meinem Know-how ein wenig dabei unterstützen.

Über die Autorin

Katja Ollech ist in Recklinghausen (Nordrhein-Westfalen) aufgewachsen hat Journalismus/Public Relations an der Fachhochschule Gelsenkirchen studiert. Danach folgten ein Volontariat sowie Festanstellungen als Online-Redakteurin und Social Media Managerin bei namhaften Unternehmen. Seit 2016 arbeitet sie als freiberufliche Redakteurin und erstellt qualitativ hochwertigen Content für Corporate Blogs und Online-Magazine.

Printed by Amazon Italia Logistica S.r.l.
Torrazza Piemonte (TO), Italy

25370198R00069